Süße Versuchung

Entdecken Sie die Kunst des Backens mit einfachen und raffinierten Kuchenrezepten

Lena Müller

Inhaltsverzeichnis

Honig-Scone-Ring 11
Müsli-Scones 12
Orangen- und Rosinengebäck 13
Birnenkekse 14
Kartoffelgebäck 15
Rosinen-Scones 16
Melasse Scones 17
Melasse und Ingwer-Scones 18
Sultaninen-Scones 19
ganze Melasse-Scones 20
Joghurt-Scones 21
Käsebrötchen 22
Scones aus ganzen Kräutern 23
Scones mit Salami und Käse 24
Ganze Scones 25
Barbadische Conkies 26
Gebackene Weihnachtsplätzchen 28
Maismehlkuchen 29
Kekse 30
Donuts 31
Kartoffelkrapfen 32
Naan Brot 33
Hafer Bannocks 34
Streikposten 35
Einfache Drop-Scones 36

Ahorn Drop Scones 37
Backblech Scones 38
Gegrillte Käsebrötchen 39
Spezielle schottische Pfannkuchen 40
Schottische Pfannkuchen mit Früchten 41
Schottische Orangenpfannkuchen 42
singen hinny 43
walisische Kuchen 44
Walisische Pfannkuchen 45
Maisbrot mit mexikanischen Gewürzen 46
Schwedisches Fladenbrot 47
Gedämpftes Roggen- und Maisbrot 48
Gedämpftes Maisbrot 49
ganze chapatis 50
Integraler Puris 51
Mandelgebäck 52
Mandellocken 53
Mandelringe 54
mediterrane Mandelcracker 55
Mandel- und Schokoladenkekse 56
Amische Frucht- und Nusskekse 57
Anisplätzchen 58
Bananen-, Hafer- und Orangensaftkekse 59
Grundlegende Kekse 60
Knusprige Kekse aus Kleie 61
Kekse aus Sesamkleie 62
Weinbrandkekse mit Kreuzkümmel 63

Brandy Schnaps	64
Butterkekse	65
Butterplätzchen	66
Karamellkekse	67
Karotten- und Walnussplätzchen	68
Karotten- und Walnusskekse mit Orangenbelag	69
Kirschplätzchen	71
Kirsch- und Mandelringe	72
Schokoladen-Butter-Kekse	73
Schokoladen- und Kirschbrötchen	74
Schokoladenkekse	75
Schokoladen- und Bananenplätzchen	76
Schokoladen- und Nuss-Snacks	77
Amerikanische Schokoladenkekse	78
Schokoladencremes	79
Kekse mit Schokoladenstückchen und Haselnüssen	80
Schokoladen- und Muskatkekse	81
Kekse mit Schokoladenüberzug	82
Kekse mit Kaffee und Schokoladensandwich	83
Weihnachtsplätzchen	85
Kokosnuss-Plätzchen	87
Maiskuchen mit Fruchtcreme	88
Kornische Kekse	90
Ganze Beerenkekse	91
Dattel-Sandwich-Kekse	92
Verdauungskekse (Graham Biscuits)	93
Osterplätzchen	94

Florentiener 95

Schoko Florentiner 96

Luxuriöse Schokoladen-Florentiner 97

Fudge-Nuss-Kekse 98

Deutsche Eiskekse 99

Ingwer schnappt 100

Ingwer Kekse 101

Lebkuchenmänner 102

Lebkuchenplätzchen aus Vollkornweizen 103

Ingwer- und Reiskuchen 104

goldene Kekse 105

Haselnussplätzchen 106

Knusprige Haselnusskekse 107

Haselnuss- und Mandelkekse 108

Honig-Plätzchen 109

Honig Ratafias 110

Honig- und Buttermilchkekse 111

Zitronen-Butter-Kekse 112

Zitronenkekse 113

heiße Momente 114

Müsli-Kekse 115

Nussplätzchen 116

Knusprige Nussplätzchen 117

Knusprige Zimt-Nuss-Kekse 118

Erdbeermousse Torte 119

Julblock 121

Hoodie-Kuchen zu Ostern 123

Ostern-Simnel-Kuchen 125

12. Nachtkuchen 127

Apfelkuchen aus der mikrowelle 128

Apfelmuskuchen aus der mikrowelle 129

Apfel- und Walnusskuchen aus der Mikrowelle 130

Karottenkuchen aus der Mikrowelle 131

Karotten-, Ananas- und Walnusskuchen aus der Mikrowelle 132

Gewürzte Kleiekuchen aus der Mikrowelle 134

Mikrowellen-Bananen-Maracuja-Kuchen 135

Orangenkäsekuchen aus der Mikrowelle 136

Ananas-Käsekuchen aus der Mikrowelle 138

Kirsch- und Walnuss-Mikrowellenbrot 139

Schokoladenkuchen aus der mikrowelle 140

Schokoladen-Mandel-Kuchen aus der Mikrowelle 141

Double Chocolate Brownies für Mikrowellenherde 143

Mikrowellengeeignete Schokoriegel 144

Schokoladenwürfel in der Mikrowelle 145

Schneller Mikrowellen-Kaffeekuchen 147

Weihnachtskuchen aus der mikrowelle 148

Streuselkuchen aus der Mikrowelle 150

Mikrowellen-Dattelriegel 151

Feigenbrot aus der mikrowelle 152

Mikrowellen-Flapjacks 153

Mikrowellen-Obstkuchen 154

Obst- und Kokosnussquadrate in der Mikrowelle 155

Mikrowellen-Fudge-Kuchen 156

Honigbrot aus der mikrowelle 157

Lebkuchenriegel aus der Mikrowelle 158
Goldener Kuchen aus der Mikrowelle 159
Mikrowellen-Honig-Haselnuss-Kuchen 160
Müsliriegel für die Mikrowelle 161
Nusskuchen aus der mikrowelle 162
Mikrowellen-Orangensaftkuchen 163
Mikrowellen-Pavlova 164
Mikrowellenkuchen 165
Mikrowellen-Erdbeerkuchen 166
Rührkuchen in der mikrowelle 167
Mikrowellen-Sultana-Riegel 168
Mikrowellen-Schokoladenkekse 169
Kokosplätzchen aus der Mikrowelle 170
Mikrowelle Florentiner 171
Mikrowellen-Haselnuss- und Kirschkekse 172
Sultana-Mikrowellenkekse 173
Bananenbrot aus der mikrowelle 174
Käsebrot aus der mikrowelle 175
Nussbrot aus der mikrowelle 176
Ungebackener Amaretti-Kuchen 177
Amerikanische knusprige Reisriegel 178
Aprikosenquadrate 179
Aprikosen-Swiss-Roll-Kuchen 180
Kuchen mit zerbrochenem Keks 181
Ungebackener Buttermilchkuchen 182
Kastanienscheibe 183
Kastanienkeks 184

Schoko- und Mandelriegel 186

Knuspriger Schokoladenkuchen 187

Schoko-Krümel-Quadrate 188

Schoko-Eis-Torte 189

Schokoladen- und Obstkuchen 190

Schokoladen- und Ingwerquadrate 191

Luxuriöse Schokoladen- und Ingwerquadrate 192

Honig-Schokoladen-Kekse 193

Schokoladen-Schicht-Kuchen 194

gute Schokoriegel 195

Schokoladen-Pralinen-Quadrate 196

Kokos-Crunches 197

Crunch-Bars 198

Kokos- und Rosinen-Crunches 199

Kaffeewürfel mit Milch 200

Ungebackener Obstkuchen 201

Fruchtige Quadrate 202

Frucht- und Faserknistern 203

Nougat-Torte 204

Milch- und Muskatquadrate 205

Müsli-Crunch 207

Orangenmousse-Quadrate 208

Erdnussquadrate 209

Pfefferminz-Karamell-Kuchen 210

Reiswaffeln 211

Reis und Schokoladen-Toffette 212

Mandelpaste 213

Zuckerfreie Mandelpaste 214

Königliche Glasur... 215

Zuckerfreier Zuckerguss 216

Fondantglasur 217

Butterbeschichtung... 218

Schokoladenüberzug für Gebäck 219

Topping mit weißer Schokoladenbutter 220

Kaffee-Butter-Abdeckung 221

Honig-Scone-Ring

Ergibt einen Ring von 20 cm / 8 cm

Zur Masse:

100 g / 4 oz / ½ Tasse Butter oder Margarine

350 g / 12 oz / 3 Tassen selbsttreibendes Mehl

Ein bisschen Salz

1 Ei

150 ml / ¼ pt / 2/3 Tasse Milch

Für die Füllung:

100 g / 4 oz / ½ Tasse Butter oder Margarine, weich

60 ml / 4 Esslöffel klarer Honig

15 ml / 1 Esslöffel Demerara-Zucker

Für den Teig die Butter oder Margarine mit Mehl und Salz verreiben, bis die Mischung Paniermehl ähnelt. Ei und Milch verquirlen und mit der Mehlmischung zu einem weichen Teig verrühren. Auf einer leicht bemehlten Fläche zu einem Quadrat von 30 cm/12 ausrollen.

Für die Füllung die Butter oder Margarine und den Honig schaumig schlagen. 15 ml / 1 Esslöffel der Mischung zurückbehalten und den Rest über den Teig verteilen. Wie eine Biskuitrolle (Gelatine) aufrollen und in acht Scheiben schneiden. Die Scheiben in einer gefetteten 20 cm / 8 Kuchenform (Backform) verteilen, sieben am Rand und eine in der Mitte. Die beiseite gestellte Honigmischung verteilen und mit Zucker bestreuen. Backen Sie den Scone (Keks) im vorgeheizten Ofen bei 190°C / 375°F / Gasherd Stufe 5 für 30 Minuten, bis er goldbraun ist. 10 Minuten in der Pfanne abkühlen lassen, bevor sie zum Abkühlen auf ein Gitter gelegt werden.

Müsli-Scones

Ergibt 8 Keile

100 g / 4 oz / 1 Tasse Müsli

150 ml / ¼ pt / 2/3 Tasse Wasser

50 g / 2 oz / ¼ Tasse Butter oder Margarine

100 g / 4 oz / 1 Tasse Vollkornmehl (Allzweckmehl) oder Vollkornmehl (Vollkornmehl).

10 ml / 2 TL Backpulver

50 g / 2 oz / 1/3 Tasse Rosinen

1 geschlagenes Ei

Das Müsli 30 Minuten in Wasser einweichen. Butter oder Meergarine mit Mehl und Hefe verreiben, bis die Masse paniert ist, Rosinen und eingeweichtes Müsli dazugeben und zu einem weichen Teig verkneten. Eine runde Form von 20 cm / 8 Zoll formen und auf einem gefetteten Backblech (Keks) verteilen. Teilweise in acht Stücke schneiden und mit verquirltem Ei bestreichen. Im vorgeheizten Ofen bei 230°C / 450°F / Gasherd Stufe 8 ca. 20 Minuten goldbraun backen.

Orangen- und Rosinengebäck

macht 12

50 g / 2 oz / ¼ Tasse Butter oder Margarine

225 g / 8 Unzen / 2 Tassen Mehl (Allzweck)

2,5 ml / ½ Teelöffel Natron (Backpulver)

100 g / 4 oz / 2/3 Tasse Rosinen

5 ml / 1 Teelöffel abgeriebene Orangenschale

60 ml / 4 Esslöffel Orangensaft

60 ml / 4 Esslöffel Milch

Milch für Emaille

Die Butter oder Margarine mit Mehl und Backpulver bestreichen und die Rosinen und Orangenschale hinzufügen. Orangensaft und Milch hinzugeben, bis ein weicher Teig entsteht. Auf einer leicht bemehlten Fläche etwa 1 cm dick ausrollen und mit einem Ausstecher Kreise ausstechen. Die Scones (Kekse) auf ein gefettetes Backblech legen und mit Milch bestreichen. Im vorgeheizten Backofen bei 200°C/400°F/Gas Stufe 6 15 Minuten backen, bis sie leicht gebräunt sind.

Birnenkekse

macht 12

50 g / 2 oz / ¼ Tasse Butter oder Margarine

225 g / 8 Unzen / 2 Tassen selbsttreibendes Mehl (mit Hefe)

25 g / 1 oz / 2 Esslöffel Kristallzucker (superfein)

1 feste Birne, geschält, entkernt und in Scheiben geschnitten

150 ml / ¼ Pt / 2/3 Becher Joghurt

30 ml / 2 Esslöffel Milch

Reiben Sie die Butter oder Margarine in das Mehl. Zucker und Birne zugeben und mit dem Joghurt glatt rühren, ggf. etwas Milch zugeben. Auf einer leicht bemehlten Fläche etwa 1 cm dick ausrollen und mit einem Ausstecher Kreise ausstechen. Die Scones (Kekse) auf ein gefettetes Backblech (Biskuit) legen und im vorgeheizten Ofen bei 230°C / 450°F / Gasherd Stufe 8 10-15 Minuten backen, bis sie aufgegangen und goldbraun sind.

Kartoffelgebäck

macht 12

50 g / 2 oz / ¼ Tasse Butter oder Margarine

225 g / 8 Unzen / 2 Tassen selbsttreibendes Mehl (mit Hefe)

Ein bisschen Salz

175 g / 6 oz / ¾ Tasse gekochtes Kartoffelpüree

60 ml / 4 Esslöffel Milch

Butter oder Margarine zum Mehl und Salz geben. Fügen Sie das Kartoffelpüree und genug Milch hinzu, um einen weichen Teig zu machen. Auf einer leicht bemehlten Fläche etwa 1 cm dick ausrollen und mit einem Ausstecher Kreise ausstechen. Die Scones (Kekse) auf ein leicht gefettetes Backblech (Biskuit) legen und im vorgeheizten Backofen bei 200°C / 400°F / Gasherd Stufe 6 für 15-20 Minuten backen, bis sie leicht gebräunt sind.

Rosinen-Scones

macht 12

75 g / 3 Unzen / ½ Tasse Rosinen

225 g / 8 Unzen / 2 Tassen Mehl (Allzweck)

2,5 ml / ½ Teelöffel Salz

15 ml / 1 Esslöffel Backpulver

25 g / 1 oz / 2 Esslöffel Kristallzucker (superfein)

50 g / 2 oz / ¼ Tasse Butter oder Margarine

120 ml / 4 fl oz / ½ Tasse normale Sahne (leicht)

1 geschlagenes Ei

Die Rosinen 30 Minuten in heißem Wasser einweichen und abtropfen lassen. Die trockenen Zutaten mischen und mit Butter oder Margarine bestreichen. Sahne und Ei zugeben, bis ein weicher Teig entsteht. In drei Kugeln teilen, etwa 1 cm/½ dick ausrollen und auf ein gefettetes Backblech legen. Jeweils in Viertel schneiden. Die Scones (Kekse) im vorgeheizten Backofen bei 230°C / 450°F / Gasherd Stufe 8 ca. 10 Minuten goldbraun backen.

Melasse Scones

macht 10

225 g / 8 Unzen / 2 Tassen Mehl (Allzweck)

10 ml / 2 TL Backpulver

2,5 ml / ½ Teelöffel gemahlener Zimt

50 g / 2 oz / ¼ Tasse Butter oder Margarine, gewürfelt

25 g / 1 oz / 2 Esslöffel Kristallzucker (superfein)

30 ml / 2 Esslöffel Blackstrap-Melasse (Melasse)

150 ml / ¼ pt / 2/3 Tasse Milch

Mehl, Backpulver und Zimt mischen. Passieren Sie die Butter oder Margarine und fügen Sie den Zucker, die Melasse und genug Milch hinzu, um einen weichen Teig zu machen. 1 cm / ½ dick ausrollen und mit einem Ausstecher 5 cm / 2 Scheiben schneiden. Die Scones (Kekse) auf ein gefettetes Backblech legen und im vorgeheizten Backofen bei 220°C / 425°F / Gasherd Stufe 7 10-15 Minuten backen, bis sie gut aufgegangen und goldbraun sind.

Melasse und Ingwer-Scones

macht 12

400 g / 14 Unzen / 3½ Tassen Mehl (Allzweck)

50 g / 2 Unzen / ½ Tasse Reismehl

5 ml / 1 Teelöffel Backpulver (Backpulver)

2,5 ml / ½ Teelöffel Weinstein

10 ml / 2 TL Ingwerpulver

2,5 ml / ½ Teelöffel Salz

10 ml / 2 TL Streuzucker (superfein)

50 g / 2 oz / ¼ Tasse Butter oder Margarine

30 ml / 2 Esslöffel Blackstrap-Melasse (Melasse)

300 ml / ½ pt / 1¼ Tassen Milch

Mischen Sie die trockenen Zutaten. Reiben Sie die Butter oder Margarine ein, bis die Mischung Paniermehl ähnelt. Mischen Sie die Melasse und genug Milch, um einen weichen, aber nicht klebrigen Teig zu bilden. Auf einer leicht bemehlten Fläche vorsichtig kneten, dann ausrollen und mit einem 3-Zoll-Ausstecher in Scheiben schneiden/3. Die Scones (Kekse) auf ein gefettetes Backblech legen und mit der restlichen Milch bestreichen. Im vorgeheizten Backofen bei 220°C/425°F/Gas Stufe 7 15 Minuten backen, bis sie aufgegangen und goldbraun sind.

Sultaninen-Scones

macht 12

225 g / 8 Unzen / 2 Tassen Mehl (Allzweck)

Ein bisschen Salz

2,5 ml / ½ Teelöffel Natron (Backpulver)

2,5 ml / ½ Teelöffel Weinstein

50 g / 2 oz / ¼ Tasse Butter oder Margarine

25 g / 1 oz / 2 Esslöffel Kristallzucker (superfein)

50 g / 2 oz / 1/3 Tasse Sultaninen (goldene Rosinen)

7,5 ml / ½ Esslöffel Zitronensaft

150 ml / ¼ pt / 2/3 Tasse Milch

Mehl, Salz, Natron und Weinstein mischen. Reiben Sie die Butter oder Margarine ein, bis die Mischung Paniermehl ähnelt. Zucker und Sultaninen zugeben. Den Zitronensaft mit der Milch verrühren und nach und nach die trockenen Zutaten untermischen, bis ein weicher Teig entsteht. Leicht durchkneten, ca. 1 cm / ½ dick ausrollen und mit einem Ausstecher in 5 cm / 2 dicke Scheiben schneiden. Die Scones (Kekse) auf ein gefettetes Backblech (Biskuit) legen und im vorgeheizten Backofen bei 230°C / 450°F / Gasherd Stufe 8 ca. 10 Minuten backen, bis sie gut aufgegangen und goldbraun sind.

ganze Melasse-Scones

macht 12

100 g / 4 oz / 1 Tasse Allzweckmehl (Vollkorn)

100 g / 4 oz / 1 Tasse Mehl (Allzweck)

25 g / 1 oz / 2 Esslöffel Kristallzucker (superfein)

2,5 ml / ½ Teelöffel Weinstein

2,5 ml / ½ Teelöffel Natron (Backpulver)

5 ml / 1 TL gemischt mit Gewürzen (Apfelkuchen)

50 g / 2 oz / ¼ Tasse Butter oder Margarine

30 ml / 2 Esslöffel Blackstrap-Melasse (Melasse)

100 ml / 3½ fl oz / 6½ Esslöffel Milch

Die trockenen Zutaten mischen und mit Butter oder Margarine bestreichen. Die Melasse erhitzen und die Zutaten mit genügend Milch zu einem weichen Teig verrühren. Auf einer leicht bemehlten Fläche 1 cm dick ausrollen und mit einem Ausstecher in Scheiben schneiden. Die Scones (Kekse) auf ein gefettetes und bemehltes Backblech legen und mit Milch bestreichen. Im vorgeheizten Backofen bei 190°C/375°F/Gas Stufe 5 20 Minuten backen.

Joghurt-Scones

macht 12

200 g / 7 Unzen / 1¾ Tassen Mehl (Allzweck)

25 g / 1 oz / ¼ Tasse Reismehl

10 ml / 2 TL Backpulver

Ein bisschen Salz

15 ml / 1 EL Kristallzucker (superfein)

50 g / 2 oz / ¼ Tasse Butter oder Margarine

150 ml / ¼ Pt / 2/3 Becher Joghurt

Mehl, Hefe, Salz und Zucker mischen. Reiben Sie die Butter oder Margarine ein, bis die Mischung Paniermehl ähnelt. Joghurt unterrühren, bis ein weicher, aber nicht klebriger Teig entsteht. Auf einer bemehlten Arbeitsfläche ca. 2 cm / ¾ dick ausrollen und mit einem Ausstecher in 5 cm / 2 Scheiben schneiden. Auf ein gefettetes Backblech (Biskuit) legen und im vorgeheizten Backofen bei 200°C / 400°F / Gasherd Stufe 6 ca. 15 Minuten backen, bis sie gut aufgegangen und goldbraun sind.

Käsebrötchen

macht 12

225 g / 8 Unzen / 2 Tassen Mehl (Allzweck)

2,5 ml / ½ Teelöffel Salz

15 ml / 1 Esslöffel Backpulver

50 g / 2 oz / ¼ Tasse Butter oder Margarine

100 g / 4 oz / 1 Tasse Cheddar-Käse, gerieben

150 ml / ¼ pt / 2/3 Tasse Milch

Mehl, Salz und Hefe mischen. Reiben Sie die Butter oder Margarine ein, bis die Mischung Paniermehl ähnelt. Fügen Sie den Käse hinzu. Die Milch nach und nach unterrühren, bis ein weicher Teig entsteht. Leicht durchkneten, ca. 1 cm / ½ dick ausrollen und mit einem Ausstecher in 5 cm / 2 dicke Scheiben schneiden. Die Scones (Kekse) auf ein gefettetes Backblech (Biskuit) legen und im vorgeheizten Ofen bei 220°C / 425°F / Gasherd Stufe 7 12-15 Minuten backen, bis sie gut aufgegangen und goldbraun sind. Heiß oder kalt servieren.

Scones aus ganzen Kräutern

macht 12

100 g / 4 oz / ½ Tasse Butter oder Margarine

175 g / 6 oz / 1¼ Tassen Allzweckmehl (Vollkorn)

50 g / 2 oz / ½ Tasse Mehl (Allzweck)

10 ml / 2 TL Backpulver

30 ml / 2 Esslöffel gehackter frischer Salbei oder Thymian

150 ml / ¼ pt / 2/3 Tasse Milch

Reiben Sie die Butter oder Margarine in das Mehl und die Hefe, bis die Mischung Paniermehl ähnelt. Die Gewürze und so viel Milch untermischen, dass ein weicher Teig entsteht. Leicht durchkneten, ca. 1 cm / ½ dick ausrollen und mit einem Ausstecher in 5 cm / 2 dicke Scheiben schneiden. Die Scones (Kekse) auf ein gefettetes Backblech legen und mit Milch bestreichen. Im vorgeheizten Backofen bei 220°C/425°F/Gas Stufe 7 10 Minuten backen, bis sie aufgegangen und goldbraun sind.

Scones mit Salami und Käse

4 Portionen

50 g / 2 oz / ¼ Tasse Butter oder Margarine

225 g / 8 Unzen / 2 Tassen selbsttreibendes Mehl (mit Hefe)

Ein bisschen Salz

50 g Salami, in Scheiben geschnitten

75 g / 3 Unzen / ¾ Tasse geriebener Cheddar-Käse

75 ml / 5 Esslöffel Milch

Reiben Sie die Butter oder Margarine in das Mehl und Salz, bis die Mischung Paniermehl ähnelt. Salami und Käse dazugeben, dann die Milch dazugeben und alles zu einem weichen Teig verrühren. Einen Kreis von 20 cm/8 formen und leicht glatt streichen. Die Scones (Kekse) auf ein gefettetes Backblech (Biskuit) legen und im vorgeheizten Backofen bei 220°C / 425°F / Gasherd Stufe 7 für 15 Minuten goldbraun backen.

Ganze Scones

macht 12

175 g / 6 oz / 1½ Tassen Allzweckmehl (Vollkorn)

50 g / 2 oz / ½ Tasse Mehl (Allzweck)

15 ml / 1 Esslöffel Backpulver

Ein bisschen Salz

50 g / 2 oz / ¼ Tasse Butter oder Margarine

50 g / 2 oz / ¼ Tasse Kristallzucker (superfein)

150 ml / ¼ pt / 2/3 Tasse Milch

Mehl, Hefe und Salz mischen. Reiben Sie die Butter oder Margarine ein, bis die Mischung Paniermehl ähnelt. Fügen Sie den Zucker hinzu. Die Milch nach und nach unterrühren, bis ein weicher Teig entsteht. Leicht durchkneten, ca. 1 cm / ½ dick ausrollen und mit einem Ausstecher in 5 cm / 2 dicke Scheiben schneiden. Die Scones (Kekse) auf ein gefettetes Backblech (Biskuit) legen und im vorgeheizten Ofen bei 230°C / 450°F / Gasherd Stufe 8 ca. 15 Minuten backen, bis sie aufgegangen und goldbraun sind. Warm servieren.

Barbadische Conkies

macht 12

350 g geriebener Kürbis

225 g/8 oz Süßkartoffel, gerieben

1 große Kokosnuss, gerieben oder 225 g/8 oz 2 Tassen Kokosraspeln (gerieben)

350 g / 12 oz / 1½ Tassen weicher brauner Zucker

5 ml / 1 TL gemahlene Gewürze (Apfelkuchen)

5 ml / 1 Teelöffel geriebene Muskatnuss

5 ml / 1 Teelöffel Salz

5 ml / 1 Teelöffel Mandelessenz (Extrakt)

100 g / 4 oz / 2/3 Tasse Rosinen

350 g / 12 oz / 3 Tassen Maismehl

100 g / 4 oz / 1 Tasse selbsttreibendes Mehl (mit Hefe)

175 g / 6 oz / ¾ Tasse geschmolzene Butter oder Margarine

300 ml / ½ pt / 1¼ Tassen Milch

Kürbis, Süßkartoffel und Kokos mischen. Zucker, Gewürze, Salz und Mandelessenz zugeben. Rosinen, Maismehl und Mehl hinzugeben und gut vermischen. Die geschmolzene Butter oder Margarine mit der Milch verrühren und zu den trockenen Zutaten geben, bis eine glatte Masse entsteht. Geben Sie etwa 60 ml / 4 Esslöffel der Mischung auf ein quadratisches Stück Folie und achten Sie darauf, es nicht zu überfüllen. Die Folie so zu einem Paket falten, dass sie fest umwickelt ist und keine Mischung sichtbar ist. Wiederholen Sie mit der restlichen Mischung. Kochen Sie die Conkies auf einem Rost über einer Pfanne mit kochendem Wasser etwa 1 Stunde lang, bis sie fest und durchgegart sind. Heiß oder kalt servieren.

Gebackene Weihnachtsplätzchen

wird 40

50 g / 2 oz / ¼ Tasse Butter oder Margarine

100 g / 4 oz / 1 Tasse Mehl (Allzweck)

2,5 ml / ½ Teelöffel gemahlener Kardamom

25 g / 1 oz / 2 Esslöffel Kristallzucker (superfein)

15 ml / 1 Esslöffel Sahne (schwer)

5 ml / 1 Teelöffel Weinbrand

1 kleines geschlagenes Ei

Frittieröl

Puderzucker zum Bestreuen

Reiben Sie die Butter oder Margarine in das Mehl und den Kardamom, bis die Mischung Paniermehl ähnelt. Fügen Sie den Zucker hinzu, dann die Sahne, den Brandy und so viel Ei, dass eine sehr steife Mischung entsteht. Zugedeckt 1 Stunde an einem kühlen Ort gehen lassen.
Auf einer leicht bemehlten Fläche 5 mm / ¼ dick ausrollen und mit einem Ausstecher in 10 x 2,5 cm / 4 x 1 Streifen schneiden. Machen Sie mit einem scharfen Messer einen Schlitz in der Mitte jedes Streifens. Ziehen Sie ein Ende des Streifens durch den Schlitz, um eine halbe Schleife zu machen. Kekse in heißem Öl portionsweise ca. 4 Minuten frittieren, bis sie goldbraun sind und Blasen schlagen. Auf Küchenpapier (Küchenpapier) abtropfen lassen und mit Puderzucker bestäubt servieren.

Maismehlkuchen

macht 12

100 g / 4 oz / 1 Tasse selbsttreibendes Mehl (mit Hefe)

100 g / 4 oz / 1 Tasse Maismehl

5 ml / 1 Teelöffel Backpulver

15 g / ½ oz / 1 Esslöffel Kristallzucker (superfein)

2 Eier

375 ml / 13 fl oz / 1½ Tassen Milch

60 ml / 4 Esslöffel Öl

Öl zum Braten

Die trockenen Zutaten mischen und in der Mitte eine Mulde formen. Eier, Milch und das abgemessene Öl schlagen, dann die trockenen Zutaten unterschlagen. Etwas Öl in einer großen Bratpfanne (Schmorpfanne) erhitzen und 60 ml/4 EL des Teigs anbraten (sautieren), bis sich oben Bläschen bilden. Umdrehen und die andere Seite bräunen. Aus der Pfanne nehmen und warm halten, während Sie mit dem restlichen Teig fortfahren. Heiß servieren.

Kekse

macht 8

15 g/oz Frischhefe oder 20 ml/4 TL Trockenhefe

5 ml / 1 TL Streuzucker (superfein)

300 ml / ½ pt / 1¼ Tassen Milch

1 Ei

250 g / 9 Unzen / 2¼ Tassen Mehl (Allzweck)

5 ml / 1 Teelöffel Salz

Öl zum glänzen

Hefe und Zucker mit etwas Milch zu einer Paste verrühren und dann die restliche Milch und das Ei unterrühren. Die Flüssigkeit zum Mehl und Salz geben und schlagen, bis ein cremiger und dickflüssiger Teig entsteht. Zugedeckt an einem warmen Ort 30 Minuten gehen lassen, bis sich das Volumen verdoppelt hat. Erhitzen Sie eine Pfanne oder eine schwere Pfanne (Pfanne) und fetten Sie sie leicht ein. 7,5 cm/3 auf Backbleche auf Backblech legen. (Wenn Sie keine Backringe haben, schneiden Sie die Ober- und Unterseite vorsichtig in eine kleine Form.) Gießen Sie Tassen der Mischung in die Ringe und kochen Sie sie etwa 5 Minuten lang, bis die Unterseite goldbraun und die Oberseite entsteint ist. Wiederholen Sie mit der restlichen Mischung. Geröstet servieren.

Donuts

macht 16

300 ml / ½ pt / 1¼ Tassen warme Milch

15 ml / 1 Esslöffel Trockenhefe

175 g / 6 oz / ¾ Tasse Kristallzucker (superfein)

450 g / 1 lb / 4 Tassen starkes Mehl (Brot)

5 ml / 1 Teelöffel Salz

50 g / 2 oz / ¼ Tasse Butter oder Margarine

1 geschlagenes Ei

Frittieröl

5 ml / 1 Teelöffel Zimtpulver

Warme Milch, Hefe, 5 ml / 1 TL Zucker und 100 g / 4 oz / 1 Tasse Mehl mischen. 20 Minuten an einem warmen Ort gehen lassen, bis es schaumig ist. Das restliche Mehl, 50 g Zucker und Salz in einer Schüssel mit Butter oder Margarine vermischen, bis die Masse paniert wird. Ei und Hefe zugeben und gut durchkneten, bis ein glatter Teig entsteht. Zugedeckt 1 Stunde an einem warmen Ort gehen lassen. Nochmals durchkneten und auf 2 cm / ½ Dicke ausrollen. Mit einem 8 cm / 3 Zoll Ausstecher in Kreise schneiden und die Mitte mit einem 4 cm / 1 ½ Zoll Ausstecher ausschneiden.

Auf ein gefettetes Backblech legen und 20 Minuten gehen lassen. Erhitzen Sie das Öl, bis es fast raucht, und braten Sie die Donuts dann nach und nach einige Minuten goldbraun an. Gut trocknen. Den restlichen Zucker und Zimt in einen Beutel geben und die Donuts im Beutel schütteln, bis sie gut bedeckt sind.

Kartoffelkrapfen

macht 24

15 ml / 1 Esslöffel Trockenhefe

60 ml / 4 Esslöffel warmes Wasser

25 g / 1 oz / 2 Esslöffel Kristallzucker (superfein)

25 g / 1 oz / 2 Esslöffel Schmalz (Backfett)

1,5 ml / ¼ Teelöffel Salz

75 g / 3 oz / 1/3 Tasse Kartoffelpüree

1 geschlagenes Ei

120 ml / 4 fl oz / ½ Tasse gekochte Milch

300 g / 10 Unzen / 2½ Tassen einfaches starkes Mehl (Brot)

Frittieröl

Kristallzucker zum Bestreuen

Lösen Sie die Hefe in warmem Wasser mit einem Teelöffel Zucker und Schaum auf. Schmalz, restlichen Zucker und Salz mischen. Kartoffeln, Hefemischung, Ei und Milch dazugeben und nach und nach das Mehl dazugeben und zu einem glatten Teig verkneten. Auf eine bemehlte Fläche geben und gut durchkneten. In eine gefettete Schüssel geben, mit Frischhaltefolie (Plastikfolie) abdecken und an einem warmen Ort etwa 1 Stunde gehen lassen, bis sich das Volumen verdoppelt hat.

Nochmals durchkneten und 1 cm/½ dick ausrollen. Mit einem 8 cm / 3 in. Ausstecher in Ringe schneiden, dann mit einem 4 cm / 1 ½ in. Ausstecher in die Mitte schneiden, um Donutformen zu erhalten. Aufgehen lassen, bis sich die Größe verdoppelt hat. Das Öl erhitzen und die Donuts goldbraun braten. Mit Zucker bestreuen und abkühlen lassen.

Naan Brot

macht 6

2,5 ml / ½ Teelöffel Trockenhefe

60 ml / 4 Esslöffel warmes Wasser

350 g / 12 oz / 3 Tassen Mehl (Allzweck)

10 ml / 2 TL Backpulver

Ein bisschen Salz

150 ml / ¼ Pt / 2/3 Becher Joghurt

Geschmolzene Butter zum Bestreichen

Hefe und warmes Wasser mischen und an einem warmen Ort 10 Minuten aufschäumen. Die Hefemischung mit Mehl, Hefe und Salz verrühren, dann den Joghurt dazugeben, bis ein weicher Teig entsteht. Kneten, bis es nicht mehr klebt. In eine geölte Schüssel geben, abdecken und 8 Stunden gehen lassen.

Den Teig in sechs Stücke teilen und zu ovalen Formen von etwa 5 mm/¼ Dicke ausrollen. Auf ein gefettetes Backblech legen und mit geschmolzener Butter bestreichen. Auf einem mittleren Grill (Grill) etwa 5 Minuten braten, bis sie leicht geschwollen sind, dann wenden und die andere Seite mit Butter bestreichen und weitere 3 Minuten braten, bis sie leicht gebräunt sind.

Hafer Bannocks

macht 4

100 g / 4 oz / 1 Tasse mittelgroße Haferflocken

2,5 ml / ½ Teelöffel Salz

Eine Prise Backpulver (Backpulver)

10 ml / 2 TL Öl

60 ml / 4 TL heißes Wasser

Die trockenen Zutaten in einer Schüssel vermischen und in die Mitte eine Mulde drücken. Fügen Sie das Öl und so viel Wasser hinzu, dass ein fester Teig entsteht. Auf eine leicht bemehlte Oberfläche stürzen und glatt kneten. Etwa 5 mm / ¼ dick ausrollen, die Ränder arrangieren und vierteln. Eine Bratpfanne oder eine schwere Bratpfanne erhitzen und die Bannocks ca. 20 Minuten braten (sautieren), bis sich die Ecken zu kräuseln beginnen. Umdrehen und die andere Seite 6 Minuten braten.

Streikposten

macht 8

10 ml / 2 TL Frischhefe oder 5 ml / 1 TL Trockenhefe

5 ml / 1 TL Streuzucker (superfein)

300 ml / ½ pt / 1¼ Tassen Milch

1 Ei

225 g / 8 Unzen / 2 Tassen Mehl (Allzweck)

5 ml / 1 Teelöffel Salz

Öl zum glänzen

Hefe und Zucker mit etwas Milch zu einer Paste verrühren und dann die restliche Milch und das Ei unterrühren. Die Flüssigkeit zum Mehl und Salz geben und schlagen, bis ein feiner Teig entsteht. Zugedeckt an einem warmen Ort 30 Minuten gehen lassen, bis sich das Volumen verdoppelt hat. Erhitzen Sie eine Pfanne oder eine schwere Pfanne (Pfanne) und fetten Sie sie leicht ein. Gießen Sie Tassen der Mischung in die Pfanne und kochen Sie sie etwa 3 Minuten lang, bis die Unterseite goldbraun ist, dann wenden Sie sie und kochen Sie sie etwa 2 Minuten lang auf der anderen Seite. Wiederholen Sie mit der restlichen Mischung.

Einfache Drop-Scones

macht 15

100 g / 4 oz / 1 Tasse selbsttreibendes Mehl (mit Hefe)

Ein bisschen Salz

15 ml / 1 EL Kristallzucker (superfein)

1 Ei

150 ml / ¼ pt / 2/3 Tasse Milch

Öl zum glänzen

Mehl, Salz und Zucker mischen und in die Mitte eine Mulde drücken. Gießen Sie das Ei hinein und fügen Sie nach und nach das Ei und die Milch hinzu, bis Sie eine homogene Masse erhalten. Eine große Bratpfanne (Pfanne) erhitzen und leicht mit Öl einfetten. Wenn es sehr heiß ist, den Teig löffelweise auf das Backblech legen, um Kreise zu bilden. Etwa 3 Minuten backen, bis die Scones auf der Unterseite aufgebläht und goldbraun sind, dann umdrehen und die andere Seite bräunen. Heiß oder warm servieren.

Ahorn Drop Scones

macht 30

200 g / 7 oz / 1¾ Tassen selbsttreibendes Mehl

25 g / 1 oz / ¼ Tasse Reismehl

10 ml / 2 TL Backpulver

25 g / 1 oz / 2 Esslöffel Kristallzucker (superfein)

Ein bisschen Salz

15 ml / 1 Esslöffel Ahornsirup

1 geschlagenes Ei

200 ml / 7 fl oz / knapp 1 Tasse Milch

Sonnenblumenöl

50 g / 2 oz / ¼ Tasse Butter oder Margarine, aufgeweicht

15 ml / 1 Esslöffel gehackte Walnüsse

Mehl, Hefe, Zucker und Salz mischen und in die Mitte eine Mulde drücken. Ahornsirup, Ei und die Hälfte der Milch zugeben und glatt rühren. Die restliche Milch zu einem dicken Teig geben. Etwas Öl in einer Bratpfanne (Bratpfanne) erhitzen und den Überschuss entfernen. Den Teig löffelweise in die Pfanne geben und braten (sautieren), bis die Unterseite goldbraun ist. Wenden und die anderen Seiten braten. Aus der Pfanne nehmen und warm halten, während Sie die restlichen Scones backen. Die Butter oder Margarine mit den Walnüssen pürieren und die heißen Scones vor dem Servieren mit der aromatisierten Butter garnieren.

Backblech Scones

macht 12

225 g / 8 Unzen / 2 Tassen Mehl (Allzweck)

5 ml / 1 Teelöffel Backpulver (Backpulver)

10 ml / 2 TL Weinstein

2,5 ml / ½ Teelöffel Salz

25 g / 1 oz / 2 Esslöffel Schmalz (Fett) oder Butter

25 g / 1 oz / 2 Esslöffel Kristallzucker (superfein)

150 ml / ¼ pt / 2/3 Tasse Milch

Öl zum glänzen

Mehl, Natron, Weinstein und Salz mischen. In Schmalz oder Butter dippen und den Zucker hinzufügen. Die Milch nach und nach einrühren, bis ein weicher Teig entsteht. Den Teig halbieren, kneten und jeden Teig auf einer flachen Oberfläche etwa 1 cm/½ dick formen. Schneiden Sie jede Runde in sechs. Eine Bratpfanne oder große Bratpfanne (Pfanne) erhitzen und leicht mit Öl einfetten. Wenn sie heiß sind, die Scones (Kekse) in die Pfanne geben und etwa 5 Minuten backen, bis sie auf der Unterseite goldbraun sind, dann wenden und auf der anderen Seite backen. Auf einem Kuchengitter abkühlen lassen.

Gegrillte Käsebrötchen

macht 12

25 g / 1 oz / 2 Esslöffel Butter oder Margarine, weich gemacht

100 g / 4 oz / ½ Tasse Hüttenkäse

5 ml / 1 Teelöffel frischer Schnittlauch

2 geschlagene Eier

40 g / 1½ oz / 1/3 Tasse Allzweckmehl

15 g / ½ oz / 2 Esslöffel Reismehl

5 ml / 1 Teelöffel Backpulver

15 ml / 1 Esslöffel Milch

Öl zum glänzen

Alle Zutaten, außer dem Öl, zu einem dicken Teig verrühren. Etwas Öl in einer Bratpfanne (Bratpfanne) erhitzen und das überschüssige Wasser abgießen. Braten (sautieren) Sie Löffel der Mischung, bis die Unterseite goldbraun ist. Drehen Sie die Scones (Kekse) um und backen Sie sie auf der anderen Seite. Aus der Pfanne nehmen und warm halten, während Sie die restlichen Knödel kochen.

Spezielle schottische Pfannkuchen

macht 12

100 g / 4 oz / 1 Tasse Mehl (Allzweck)

10 ml / 2 TL Streuzucker (superfein)

5 ml / 1 TL Weinstein

2,5 ml / ½ Teelöffel Salz

2,5 ml / ½ Teelöffel Natron (Backpulver)

1 Ei

5 ml / 1 TL goldener Sirup (heller Mais)

120 ml / 4 fl oz / ½ Tasse warme Milch

Öl zum glänzen

Die trockenen Zutaten mischen und in der Mitte eine Mulde formen. Das Ei mit dem Sirup und der Milch verquirlen und die Mehlmischung unterrühren, bis ein sehr dicker Teig entsteht. Zugedeckt etwa 15 Minuten stehen lassen, bis die Mischung Blasen wirft. Erhitzen Sie eine große Pfanne oder eine schwere Pfanne (Pfanne) und fetten Sie sie leicht ein. Kleine Löffel des Teigs in die Pfanne geben und eine Seite ca. 3 Minuten braten, bis die Unterseite goldbraun ist, dann wenden und die andere Seite ca. 2 Minuten backen. Wickeln Sie die Pfannkuchen in ein warmes Geschirrtuch (Geschirrtuch), während Sie den restlichen Teig backen. Servieren Sie frisch und gebuttert, gegrillt oder gebraten (frittiert).

Schottische Pfannkuchen mit Früchten

macht 12

100 g / 4 oz / 1 Tasse Mehl (Allzweck)

10 ml / 2 TL Streuzucker (superfein)

5 ml / 1 TL Weinstein

2,5 ml / ½ Teelöffel Salz

2,5 ml / ½ Teelöffel Natron (Backpulver)

100 g / 4 oz / 2/3 Tasse Rosinen

1 Ei

5 ml / 1 TL goldener Sirup (heller Mais)

120 ml / 4 fl oz / ½ Tasse warme Milch

Öl zum glänzen

Trockene Zutaten und Rosinen mischen und in der Mitte eine Mulde formen. Das Ei mit dem Sirup und der Milch verquirlen und die Mehlmischung unterrühren, bis ein sehr dicker Teig entsteht. Zugedeckt etwa 15 Minuten stehen lassen, bis die Mischung Blasen wirft. Erhitzen Sie eine große Pfanne oder eine schwere Pfanne (Pfanne) und fetten Sie sie leicht ein. Kleine Löffel des Teigs in die Pfanne geben und eine Seite ca. 3 Minuten braten, bis die Unterseite goldbraun ist, dann wenden und die andere Seite ca. 2 Minuten backen. Wickeln Sie die Pfannkuchen in ein warmes Geschirrtuch (Geschirrtuch), während Sie den Rest zubereiten. Servieren Sie frisch und gebuttert, gegrillt oder gebraten (frittiert).

Schottische Orangenpfannkuchen

macht 12

100 g / 4 oz / 1 Tasse Mehl (Allzweck)

10 ml / 2 TL Streuzucker (superfein)

5 ml / 1 TL Weinstein

2,5 ml / ½ Teelöffel Salz

2,5 ml / ½ Teelöffel Natron (Backpulver)

10 ml / 2 TL abgeriebene Orangenschale

1 Ei

5 ml / 1 TL goldener Sirup (heller Mais)

120 ml / 4 fl oz / ½ Tasse warme Milch

Ein paar Tropfen Orangenessenz (Extrakt)

Öl zum glänzen

Die trockenen Zutaten und die Orangenschale mischen und in die Mitte eine Mulde drücken. Das Ei mit dem Sirup, der Milch und dem Orangenessenz verquirlen und die Mehlmischung unterschlagen, bis ein sehr dicker Teig entsteht. Zugedeckt etwa 15 Minuten stehen lassen, bis die Mischung Blasen wirft. Erhitzen Sie eine große Pfanne oder eine schwere Pfanne (Pfanne) und fetten Sie sie leicht ein. Kleine Löffel des Teigs in die Pfanne geben und eine Seite ca. 3 Minuten braten, bis die Unterseite goldbraun ist, dann wenden und die andere Seite ca. 2 Minuten backen. Wickeln Sie die Pfannkuchen in ein warmes Geschirrtuch (Geschirrtuch), während Sie den Rest zubereiten. Servieren Sie frisch und gebuttert, gegrillt oder gebraten (frittiert).

singen hinny

macht 12

225 g / 8 Unzen / 2 Tassen Mehl (Allzweck)

2,5 ml / ½ Teelöffel Salz

2,5 ml / ½ Teelöffel Backpulver

50 g / 2 oz / ¼ Tasse Schmalz (Backfett)

50 g / 2 oz / ¼ Tasse Butter oder Margarine

100 g / 4 oz / 2/3 Tassen Johannisbeeren

120 ml / 4 fl oz / ½ Tasse Milch

Öl zum glänzen

Die trockenen Zutaten mischen und in Schmalz und Butter oder Margarine dippen, bis die Mischung Paniermehl ähnelt. Sammeln Sie die Rosinen und machen Sie ein Loch in der Mitte. So viel Milch einrühren, dass ein fester Teig entsteht. Auf einer leicht bemehlten Fläche etwa 1 cm dick ausrollen und mit einer Gabel einstechen. Erhitzen Sie eine Pfanne oder eine schwere Pfanne (Pfanne) und fetten Sie sie leicht ein. Den Kuchen ca. 5 Minuten backen, bis der Boden goldbraun ist, dann umdrehen und die andere Seite ca. 4 Minuten backen. Geteilt und mit Butter servieren.

walisische Kuchen

4 Portionen

225 g / 8 Unzen / 2 Tassen Mehl (Allzweck)

5 ml / 1 Teelöffel Backpulver

2,5 ml / ½ TL gemahlene Gewürze (Apfelkuchen)

50 g / 2 oz / ¼ Tasse Butter oder Margarine

50 g / 2 oz / ¼ Tasse Schmalz (Backfett)

75 g / 3 Unzen / 1/3 Tasse Kristallzucker (superfein)

50 g / 2 oz / 1/3 Tasse schwarze Johannisbeere

1 geschlagenes Ei

30-45 ml / 2-3 Esslöffel Milch

Mehl, Hefe und Gewürze in einer Schüssel mischen. Passieren Sie die Butter oder Margarine und das Schmalz, bis die Mischung einem Paniermehl ähnelt. Zucker und Johannisbeeren zugeben. Fügen Sie so viel Ei und Milch hinzu, dass ein fester Teig entsteht. Auf einem bemehlten Brett 5 mm / ¼ dick ausrollen und in 7,5 cm / 3 Scheiben schneiden. In einer gefetteten Pfanne von jeder Seite etwa 4 Minuten goldbraun braten.

Walisische Pfannkuchen

macht 12

175 g / 6 Unzen / 1½ Tassen Mehl (Allzweck)

2,5 ml / ½ Teelöffel Weinstein

2,5 ml / ½ Teelöffel Natron (Backpulver)

50 g / 2 oz / ¼ Tasse Kristallzucker (superfein)

25 g / 1 oz / 2 Esslöffel Butter oder Margarine

1 geschlagenes Ei

120 ml / 4 fl oz / ½ Tasse Milch

2,5 ml / ½ Teelöffel Essig

Öl zum glänzen

Mischen Sie die trockenen Zutaten und fügen Sie den Zucker hinzu. Die Butter oder Margarine darauf verteilen und in der Mitte ein Loch machen. Das Ei und gerade so viel Milch unterrühren, dass ein dünner Teig entsteht. Fügen Sie den Essig hinzu. Erhitzen Sie eine Pfanne oder eine schwere Pfanne (Pfanne) und fetten Sie sie leicht ein. Große Löffel Teig in die Pfanne geben und ca. 3 Minuten braten (sautieren), bis die Unterseite goldbraun ist. Umdrehen und die andere Seite etwa 2 Minuten braten. Heiß und mit Butter servieren.

Maisbrot mit mexikanischen Gewürzen

Ergibt 8 Rollen

225 g / 8 Unzen / 2 Tassen selbsttreibendes Mehl (mit Hefe)

5 ml / 1 Teelöffel Chilipulver

2,5 ml / ½ Teelöffel Natron (Backpulver)

200 g / 7 oz / 1 kleine Dose Zuckermais mit Sahne (Mais)

15 ml / 1 Esslöffel Currypaste

250 ml / 8 fl oz / 1 Becher Joghurt

Öl zum Braten

Mehl, Chilipulver und Natron mischen. Die restlichen Zutaten, bis auf das Öl, dazugeben und zu einem glatten Teig verkneten. Auf eine leicht bemehlte Oberfläche geben und vorsichtig kneten, bis sie glatt sind. In acht Stücke schneiden und jedes zu einer 13 cm/5 Runde schlagen Erhitzen Sie das Öl in einer schweren Bratpfanne (Bratpfanne) und braten (sautieren) Sie die Maisbrote für 2 Minuten auf jeder Seite, bis sie goldbraun und leicht geschmort sind.

Schwedisches Fladenbrot

macht 4

225 g / 8 Unzen / 2 Tassen Allzweckmehl (Vollkorn)

225 g / 8 Unzen / 2 Tassen Roggen- oder Gerstenmehl

5 ml / 1 Teelöffel Salz

Etwa 250 ml / 8 fl oz / 1 Tasse warmes Wasser

Öl zum glänzen

Mehl und Salz in einer Schüssel mischen und das Wasser nach und nach einrühren, bis ein fester Teig entsteht. Je nach verwendetem Mehl benötigen Sie etwas mehr oder weniger Wasser. Gut schlagen, bis die Mischung an den Seiten der Schüssel herauskommt, dann auf eine leicht bemehlte Oberfläche stürzen und 5 Minuten kneten. Den Teig vierteln und in 20 cm breite Scheiben sehr dünn ausrollen. Eine große Bratpfanne oder große Bratpfanne erhitzen und leicht mit Öl einfetten. Braten (sautieren) Sie ein oder zwei Brote auf einmal, etwa 15 Minuten auf jeder Seite, bis sie goldbraun sind.

Gedämpftes Roggen- und Maisbrot

Für einen Laib von 23 cm / 9

175 g / 6 oz / 1½ Tassen Roggenmehl

175 g / 6 oz / 1½ Tassen Allzweckmehl (Vollkorn)

100 g / 4 oz / 1 Tasse Hafer

10 ml / 2 TL Natron (Backpulver)

5 ml / 1 Teelöffel Salz

450 ml / ¾ pt / 2 Tassen Milch

175 g / 6 oz / ½ Tasse schwarze Melasse (Melasse)

10 ml / 2 Teelöffel Zitronensaft

Mehl, Haferflocken, Natron und Salz mischen. Milch, Melasse und Zitronensaft lauwarm erhitzen und die trockenen Zutaten hinzugeben. In eine gefettete 23 cm/9 Zoll große Schüssel in eine Puddingschüssel geben und mit zerknitterter Folie abdecken. In eine große Pfanne geben und mit so viel heißem Wasser füllen, dass es bis zur Hälfte der Seiten der Pfanne aufgeht. Zugedeckt 3 Stunden garen, ggf. mit kochendem Wasser auffüllen. Vor dem Servieren über Nacht stehen lassen.

Gedämpftes Maisbrot

Ergibt zwei Brote mit 450 g/1 lb

175 g / 6 Unzen / 1½ Tassen Mehl (Allzweck)

225 g / 8 Unzen / 2 Tassen Maismehl

15 ml / 1 Esslöffel Backpulver

Ein bisschen Salz

3 Eier

45 ml / 3 Esslöffel Öl

150 ml / ¼ pt / 2/3 Tasse Milch

300 g Zuckermais aus der Dose (Mais), abgetropft und püriert

Mehl, Maismehl, Hefe und Salz mischen. Eier, Öl und Milch verquirlen und die trockenen Zutaten zusammen mit dem Mais hinzugeben. In zwei gefettete 450-g-Laibpfannen gießen und in eine große Pfanne mit so viel kochendem Wasser geben, dass es bis zur Hälfte der Seiten der Pfannen hochgeht. Zugedeckt 2 Stunden garen, ggf. mit kochendem Wasser auffüllen. Vor dem Ausrollen und Schneiden in den Formen abkühlen lassen.

ganze chapatis

macht 12

225 g / 8 Unzen / 2 Tassen Allzweckmehl (Vollkorn)

5 ml / 1 Teelöffel Salz

150 ml / ¼ pt / 2/3 Tasse Wasser

Mehl und Salz in einer Schüssel mischen und das Wasser nach und nach einrühren, bis ein fester Teig entsteht. In 12 Stücke teilen und auf einer bemehlten Fläche ausrollen. Fetten Sie eine schwere Pfanne (Bratpfanne) oder einen Grill ein und braten (sautieren) Sie ein paar Chapatis auf einmal bei mittlerer Hitze, bis sie auf der Unterseite goldbraun sind. Umdrehen und auf der anderen Seite braten, bis sie leicht gebräunt sind. Halte den Chapati warm, während du den Rest kochst. Auf Wunsch mit Butter auf einer Seite servieren.

Integraler Puris

macht 8

100 g / 4 oz / 1 Tasse Allzweckmehl (Vollkorn)

100 g / 4 oz / 1 Tasse Mehl (Allzweck)

2,5 ml / ½ Teelöffel Salz

25 g / 1 oz / 2 Esslöffel geschmolzene Butter oder Margarine

150 ml / ¼ pt / 2/3 Tasse Wasser

Frittieröl

Mehl mit Salz mischen und in die Mitte eine Mulde drücken. Gießen Sie die Butter oder Margarine hinein. Das Wasser nach und nach zugeben und rühren, bis ein fester Teig entsteht. 5 bis 10 Minuten kneten, mit einem feuchten Tuch abdecken und 15 Minuten stehen lassen.

Teilen Sie den Teig in acht Stücke und rollen Sie jedes zu dünnen 13 cm/5 Runden aus. Erhitzen Sie das Öl in einer großen Pfanne (Sautierpfanne) und braten (sautieren) Sie die Puris einzeln oder zu zweit, bis sie aufgebläht und knusprig und goldbraun sind. Auf saugfähigem Papier (Küchenpapier) abtropfen lassen.

Mandelgebäck

macht 24

100 g / 4 oz / ½ Tasse Butter oder Margarine, weich

50 g / 2 oz / ¼ Tasse Kristallzucker (superfein)

100 g / 4 oz / 1 Tasse selbsttreibendes Mehl (mit Hefe)

25 g / 1 oz / ¼ Tasse gemahlene Mandeln

Ein paar Tropfen Mandelessenz (Extrakt)

Butter oder Margarine und Zucker schaumig schlagen. Mehl, gemahlene Mandeln und Mandelessenz zugeben, bis eine feste Masse entsteht. Große walnussgroße Kugeln formen und mit großem Abstand auf ein gefettetes Backblech (Biskuit) legen und mit einer Gabel leicht andrücken, bis sie eben sind. Die Kekse (Kekse) im vorgeheizten Backofen bei 180°C/350°F/Gas Stufe 4 für 15 Minuten goldbraun backen.

Mandellocken

macht 30

100 g / 4 oz / 1 Tasse Mandelsplitter (geschreddert)

100 g / 4 oz / ½ Tasse Butter oder Margarine

100 g / 4 oz / ½ Tasse Kristallzucker (superfein)

30 ml / 2 Esslöffel Milch

15-30 ml / 1-2 Esslöffel Mehl (Allzweck)

Mandeln, Butter oder Margarine, Zucker und Milch mit 15 ml / 1 EL Mehl in eine Pfanne geben. Unter ständigem Rühren leicht erhitzen, bis alles gut vermischt ist, gegebenenfalls den Rest des Mehls hinzufügen, damit die Mischung sehr fest wird. Die Löffel weit auseinander auf ein gefettetes und bemehltes Backblech legen und im vorgeheizten Ofen bei 180°C / 350°F / Gasherd Stufe 4 8 Minuten backen, bis sie leicht gebräunt sind. Lassen Sie sie etwa 30 Sekunden auf dem Backblech abkühlen und formen Sie sie dann zu Locken um den Griff eines Holzlöffels. Wenn sie zu kalt werden, um sie zu formen, stellen Sie sie für ein paar Sekunden in den Ofen, um sie wieder aufzuwärmen, bevor Sie den Rest formen.

Mandelringe

macht 24

100 g / 4 oz / ½ Tasse Butter oder Margarine, weich

100 g / 4 oz / ½ Tasse Kristallzucker (superfein)

1 Ei, getrennt

225 g / 8 Unzen / 2 Tassen Mehl (Allzweck)

5 ml / 1 Teelöffel Backpulver

5 ml / 1 Teelöffel abgeriebene Zitronenschale

50 g / 2 oz / ½ Tasse Mandelsplitter (geschreddert)

Raffinierter (feinster) Zucker zum Bestreuen

Butter oder Margarine und Zucker schaumig schlagen. Das Eigelb nach und nach schlagen und dann das Mehl, Backpulver und die Zitronenschale dazugeben und mit den Händen fertigstellen, bis die Masse gut verklebt ist. 5 mm / ¼ Zoll dick ausrollen und mit einem Ausstecher 6 cm / 2 Zoll in Kreise schneiden, dann die Mitte mit einem 2 cm / ¾ Zoll Ausstecher ausstechen. Die Kekse gut getrennt auf ein gefettetes Backblech legen und mit Bake in einstechen im vorgeheizten Backofen bei 180°C / Gasherd Stufe 4 10 Minuten backen, mit Eiweiß bestreichen, mit Mandeln und Zucker bestreuen und weitere 5 Minuten goldbraun backen.

mediterrane Mandelcracker

macht 24

2 Eier getrennt

175 g / 6 oz / 1 Tasse Puderzucker, gesiebt

10 ml / 2 TL Backpulver

abgeriebene Schale einer ½ Zitrone

Ein paar Tropfen Vanilleessenz (Extrakt)

400 g / 14 oz / 3½ Tassen gemahlene Mandeln

Eigelb und ein Eiweiß mit dem Zucker schaumig schlagen. Alle anderen Zutaten miteinander verrühren und zu einem festen Teig verkneten. Walnussgroße Kugeln formen und auf ein gefettetes Backblech (Biskuit) legen und leicht flach drücken. Im vorgeheizten Backofen bei 180°C/350°F/Gas Stufe 4 15 Minuten backen, bis die Oberfläche goldbraun und knusprig ist.

Mandel- und Schokoladenkekse

macht 24

50 g / 2 oz / ¼ Tasse Butter oder Margarine, aufgeweicht

75 g / 3 Unzen / 1/3 Tasse Kristallzucker (superfein)

1 kleines geschlagenes Ei

100 g / 4 oz / 1 Tasse Mehl (Allzweck)

2,5 ml / ½ Teelöffel Backpulver

25 g / 1 oz / ¼ Tasse gemahlene Mandeln

25 g / 1 oz / ¼ Tasse dunkle (halbbittere) Schokolade, gerieben

Butter oder Margarine und Zucker schaumig schlagen. Das Ei nach und nach aufschlagen und dann die anderen Zutaten zu einem sehr festen Teig hinzufügen. Wenn die Mischung zu feucht ist, etwas mehr Mehl hinzufügen. In Plastikfolie (Plastikfolie) einwickeln und 30 Minuten kühl stellen.

> Rollen Sie den Teig in eine Zylinderform und schneiden Sie ihn in 1 cm / ½ Scheiben. Mit ausreichend Abstand auf einem gefetteten Backblech (Biskuit) anrichten und im vorgeheizten Backofen bei 190°C / 375°F / Gasherd Stufe 5 10 Minuten backen.

Amische Frucht- und Nusskekse

macht 24

100 g / 4 oz / ½ Tasse Butter oder Margarine, weich

175 g / 6 oz / ¾ Tasse Kristallzucker (superfein)

1 Ei

75 ml / 5 Esslöffel Milch

75 g / 3 oz / ¼ Tasse schwarze Melasse (Melasse)

250 g / 9 Unzen / 2¼ Tassen Mehl (Allzweck)

10 ml / 2 TL Backpulver

15 ml / 1 Esslöffel gemahlener Zimt

10 ml / 2 TL Natron (Backpulver)

2,5 ml / ½ Teelöffel geriebene Muskatnuss

50 g / 2 oz / ½ Tasse mittelgroße Haferflocken

50 g / 2 oz / 1/3 Tasse Rosinen

25 g / 1 oz / ¼ Tasse gehackte gemischte Walnüsse

Butter oder Margarine und Zucker schaumig schlagen. Fügen Sie nach und nach das Ei hinzu, dann die Milch und die Melasse. Die restlichen Zutaten dazugeben und zu einem festen Teig verkneten. Fügen Sie etwas mehr Milch hinzu, wenn die Mischung zu fest ist, oder etwas mehr Mehl, wenn sie zu klebrig ist. Die Textur hängt vom verwendeten Mehl ab. Den Teig etwa 5 mm / ¼ dick ausrollen und mit einem Ausstecher Kreise ausstechen. Auf ein gefettetes Backblech legen und im vorgeheizten Backofen bei 180°C / 350°F / Gasherd Stufe 4 10 Minuten goldbraun backen.

Anisplätzchen

macht 16

175 g / 6 oz / ¾ Tasse Kristallzucker (superfein)

2 Eiweiß

1 Ei

100 g / 4 oz / 1 Tasse Mehl (Allzweck)

5 ml / 1 Teelöffel gemahlener Anis

Zucker, Eiweiß und Eier 10 Minuten schlagen. Das Mehl nach und nach dazugeben und den Anis dazugeben. Gießen Sie die Mischung in eine 450 g/1 lb Kastenform (Backblech) und backen Sie sie in einem vorgeheizten Ofen bei 180 °C/350 °F/Gas Stufe 4 für 35 Minuten, bis ein in die Mitte gesteckter Spieß sauber herauskommt. Aus der Pfanne nehmen und in 1 cm/½ Scheiben schneiden. Die Kekse (Kekse) liegend auf ein gefettetes Backblech (Biskuit) legen und weitere 10 Minuten backen, dabei nach der Hälfte der Zeit wenden.

Bananen-, Hafer- und Orangensaftkekse

macht 24

100 g / 4 oz / ½ Tasse Butter oder Margarine, weich

100 g reife Bananen, püriert

120 ml / 4 fl oz / ½ Tasse Orangensaft

4 Eiweiß, leicht geschlagen

10 ml / 2 TL Vanilleessenz (Extrakt)

5 ml / 1 Teelöffel fein geriebene Orangenschale

225 g / 8 Unzen / 2 Tassen Haferflocken

225 g / 8 Unzen / 2 Tassen Mehl (Allzweck)

5 ml / 1 Teelöffel Backpulver (Backpulver)

5 ml / 1 Teelöffel geriebene Muskatnuss

Ein bisschen Salz

Die Butter oder Margarine glatt schlagen, dann die Bananen und den Orangensaft hinzufügen. Eiweiß, Vanilleessenz und Orangenschale mischen und die Bananenmischung hinzugeben, gefolgt von den anderen Zutaten. Auf Backbleche verteilen und im vorgeheizten Backofen bei 180°C/350°F/Gas Stufe 4 20 Minuten goldbraun backen.

Grundlegende Kekse

wird 40

100 g / 4 oz / ½ Tasse Butter oder Margarine, weich

100 g / 4 oz / ½ Tasse Kristallzucker (superfein)

1 geschlagenes Ei

5 ml / 1 Teelöffel Vanilleessenz (Extrakt)

225 g / 8 Unzen / 2 Tassen Mehl (Allzweck)

Butter oder Margarine und Zucker schaumig schlagen. Ei und Vanilleessenz nach und nach zugeben, Mehl zugeben und zu einem glatten Teig kneten. Zu einer Kugel formen, in Frischhaltefolie (Plastikfolie) wickeln und 1 Stunde kühl stellen.

Den Teig 5 mm / ¼ dick ausrollen und mit einem Ausstecher in Scheiben schneiden. Auf einem gefetteten Backblech (Biskuit) anrichten und im vorgeheizten Backofen bei 200°C / 400°F / Gasherd Stufe 6 10 Minuten goldbraun backen. Auf dem Backblech 5 Minuten abkühlen lassen, bevor es zum Abkühlen auf ein Gitter gelegt wird.

Knusprige Kekse aus Kleie

macht 16

100 g / 4 oz / 1 Tasse Allzweckmehl (Vollkorn)

100 g / 4 oz / ½ Tasse weicher brauner Zucker

25 g / 1 oz / ¼ Tasse Haferflocken

25 g / 1 oz / ½ Tasse Kleie

5 ml / 1 Teelöffel Backpulver (Backpulver)

5 ml / 1 TL Ingwerpulver

100 g / 4 oz / ½ Tasse Butter oder Margarine

15 ml / 1 Esslöffel goldener Sirup (heller Mais)

15 ml / 1 Esslöffel Milch

Mischen Sie die trockenen Zutaten. Butter mit Sirup und Milch schmelzen und mit den trockenen Zutaten zu einem festen Teig verrühren. Die Keks-Mischung auf ein gefettetes (Keks-) Backblech geben und im vorgeheizten Ofen bei 160°C / 325°F / Gasherd Stufe 3 für 15 Minuten goldbraun backen.

Kekse aus Sesamkleie

macht 12

225 g / 8 Unzen / 2 Tassen Allzweckmehl (Vollkorn)

5 ml / 1 Teelöffel Backpulver

25 g / 1 oz / ½ Tasse Kleie

Ein bisschen Salz

50 g / 2 oz / ¼ Tasse Butter oder Margarine

45 ml / 3 Esslöffel weicher brauner Zucker

45 ml / 3 Esslöffel Sultaninen (goldene Rosinen)

1 Ei, leicht geschlagen

120 ml / 4 fl oz / ½ Tasse Milch

45 ml / 3 Esslöffel Sesamsamen

Mehl, Backpulver, Kleie und Salz mischen und mit Butter oder Margarine aufgießen, bis die Mischung Paniermehl ähnelt. Zucker und Sultaninen unterrühren, dann das Ei und so viel Milch hinzufügen, dass ein weicher, aber nicht klebriger Teig entsteht. 1 cm / ½ dick ausrollen und mit einem Ausstecher in Scheiben schneiden. Auf ein gefettetes Backblech legen, mit Milch bestreichen und mit Sesam bestreuen. Im vorgeheizten Backofen bei 220°C/425°F/Gas Stufe 7 10 Minuten goldbraun backen.

Weinbrandkekse mit Kreuzkümmel

macht 30

25 g / 1 oz / 2 Esslöffel Butter oder Margarine, weich gemacht

75 g / 3 oz / 1/3 Tasse weicher brauner Zucker

Ei

10 ml / 2 Teelöffel Weinbrand

175 g / 6 Unzen / 1½ Tassen Mehl (Allzweck)

10 ml / 2 TL Kreuzkümmel

5 ml / 1 Teelöffel Backpulver

Ein bisschen Salz

Butter oder Margarine und Zucker schaumig schlagen. Ei und Cognac nach und nach dazugeben, restliche Zutaten dazugeben und zu einem festen Teig schlagen. In Plastikfolie (Plastikfolie) einwickeln und 30 Minuten kühl stellen.

Den Teig auf einer leicht bemehlten Fläche etwa 3 mm / 1/8 dick ausrollen und mit einem Ausstecher Kreise ausstechen. Die Kekse auf ein gefettetes Backblech legen und im vorgeheizten Backofen bei 200°C / 400°F / Gasherd Stufe 6 10 Minuten backen.

Brandy Schnaps

macht 30

100 g / 4 oz / ½ Tasse Butter oder Margarine

100 g / 4 oz / 1/3 Tasse goldener Sirup (leichter Mais)

100 g / 4 oz / ½ Tasse Demerara-Zucker

100 g / 4 oz / 1 Tasse Mehl (Allzweck)

5 ml / 1 TL Ingwerpulver

5 ml / 1 Teelöffel Zitronensaft

Butter oder Margarine, Sirup und Zucker in einem Topf schmelzen. Etwas abkühlen lassen, Mehl und Ingwer und Zitronensaft dazugeben. 10 cm/4 Teelöffel der Mischung auf ein gefettetes Backblech (Keks) geben und im vorgeheizten Backofen bei 180°C/350°F/Gas Stufe 4 8 Minuten goldbraun backen. Eine Minute abkühlen lassen, dann mit einer Scheibe aus der Pfanne nehmen und um den gefetteten Griff eines Holzlöffels wickeln. Entfernen Sie den Griff vom Löffel und lassen Sie ihn auf einem Kuchengitter abkühlen. Wenn die Snaps hart werden, lange bevor Sie sie formen, legen Sie sie für eine Minute in den Ofen, um sie aufzuwärmen und weich zu machen.

Butterkekse

macht 24

100 g / 4 oz / ½ Tasse Butter oder Margarine, weich

50 g / 2 oz / ¼ Tasse Kristallzucker (superfein)

abgeriebene Schale von 1 Zitrone

150 g / 5 oz / 1¼ Tassen selbsttreibendes Mehl (mit Hefe)

Butter oder Margarine und Zucker schaumig schlagen. Die Zitronenschale dazugeben und das Mehl einrühren, bis eine steife Masse entsteht. Große walnussgroße Kugeln formen und mit großem Abstand auf ein gefettetes Backblech (Biskuit) legen und mit einer Gabel leicht andrücken, bis sie eben sind. Die Kekse (Kekse) im vorgeheizten Backofen bei 180°C/350°F/Gas Stufe 4 für 15 Minuten goldbraun backen.

Butterplätzchen

wird 40

100 g / 4 oz / ½ Tasse Butter oder Margarine, weich

100 g / 4 oz / ½ Tasse weicher dunkelbrauner Zucker

1 geschlagenes Ei

1,5 ml / ¼ Teelöffel Vanilleessenz (Extrakt)

225 g / 8 Unzen / 2 Tassen Mehl (Allzweck)

7,5 ml / 1½ TL Backpulver

Ein bisschen Salz

Butter oder Margarine und Zucker schaumig schlagen. Ei und Vanilleessenz nach und nach zugeben. Mehl, Hefe und Salz mischen. Den Teig zu drei Rollen von etwa 5 cm Durchmesser formen, in Frischhaltefolie (Klippfolie) wickeln und 4 Stunden oder über Nacht in den Kühlschrank stellen.

In 3 mm / 1/8 dicke Scheiben schneiden und auf ungefetteten Backblechen anrichten. Backen Sie die Kekse (Kekse) im vorgeheizten Ofen bei 190°C/375°F/Gas Stufe 5 für 10 Minuten, bis sie leicht gebräunt sind.

Karamellkekse

macht 30

50 g / 2 oz / ¼ Tasse Butter oder Margarine, aufgeweicht

50 g / 2 oz / ¼ Tasse Schmalz (Backfett)

225 g / 8 oz / 1 Tasse weicher brauner Zucker

1 Ei, leicht geschlagen

175 g / 6 Unzen / 1½ Tassen Mehl (Allzweck)

1,5 ml / ¼ Teelöffel Natron (Backpulver)

1,5 ml / ¼ Teelöffel Weinstein

Eine Prise geriebene Muskatnuss

10 ml / 2 Teelöffel Wasser

2,5 ml / ½ Teelöffel Vanilleessenz (Extrakt)

Butter oder Margarine, Schmalz und Zucker schaumig schlagen. Das Ei langsam hinzufügen. Mehl, Natron, Weinstein und Muskat hinzugeben, dann Wasser und Vanilleessenz dazugeben und glatt rühren. In eine Wurstform rollen, in Frischhaltefolie (Plastikfolie) wickeln und mindestens 30 Minuten, besser länger, kühl stellen.

Den Teig in 1 cm / ½ Scheiben schneiden und auf ein gefettetes Backblech (Biskuit) legen. Backen Sie die Kekse (Kekse) im vorgeheizten Backofen bei 180°C/350°F/Gas Stufe 4 für 10 Minuten bis sie goldbraun sind.

Karotten- und Walnussplätzchen

macht 48

175 g / 6 oz / ¾ Tasse Butter oder Margarine, aufgeweicht

100 g / 4 oz / ½ Tasse weicher brauner Zucker

50 g / 2 oz / ¼ Tasse Kristallzucker (superfein)

1 Ei, leicht geschlagen

225 g / 8 Unzen / 2 Tassen Mehl (Allzweck)

5 ml / 1 Teelöffel Backpulver

2,5 ml / ½ Teelöffel Salz

100 g / 4 oz / ½ Tasse zerdrückte gekochte Karotten

100 g / 4 oz / 1 Tasse Walnüsse, gehackt

Butter oder Margarine und Zucker schaumig schlagen. Ei nach und nach dazugeben und Mehl, Backpulver und Salz hinzugeben. Karottenpüree und Walnüsse dazugeben. Kleine Löffel auf ein gefettetes Backblech (Biskuit) geben und im vorgeheizten Backofen bei 200°C / 400°F / Gasherd Stufe 6 10 Minuten backen.

Karotten- und Walnusskekse mit Orangenbelag

macht 48

Für die Kekse (Kekse):

175 g / 6 oz / ¾ Tasse Butter oder Margarine, aufgeweicht

100 g / 4 oz / ½ Tasse Kristallzucker (superfein)

50 g / 2 oz / ¼ Tasse weicher brauner Zucker

1 Ei, leicht geschlagen

225 g / 8 Unzen / 2 Tassen Mehl (Allzweck)

5 ml / 1 Teelöffel Backpulver

2,5 ml / ½ Teelöffel Salz

5 ml / 1 Teelöffel Vanilleessenz (Extrakt)

100 g / 4 oz / ½ Tasse zerdrückte gekochte Karotten

100 g / 4 oz / 1 Tasse Walnüsse, gehackt

Für die Glasur (Glasur):

175 g / 6 oz / 1 Tasse Puderzucker, gesiebt

10 ml / 2 TL abgeriebene Orangenschale

30 ml / 2 Esslöffel Orangensaft

Für die Kekse die Butter oder Margarine und den Zucker schaumig schlagen. Ei nach und nach dazugeben und Mehl, Backpulver und Salz hinzugeben. Vanilleessenz, Karottenpüree und Walnüsse hinzugeben. Kleine Löffel auf ein gefettetes Backblech (Biskuit) geben und im vorgeheizten Backofen bei 200°C / 400°F / Gasherd Stufe 6 10 Minuten backen.

Für die Glasur den Puderzucker in eine Schüssel geben, die Orangenschale dazugeben und in die Mitte eine Mulde drücken. Den Orangensaft nach und nach hinzugeben, bis eine homogene, aber sehr dicke Schicht entsteht. Auf die noch warmen Kekse verteilen, abkühlen und fest werden lassen.

Kirschplätzchen

macht 48

100 g / 4 oz / ½ Tasse Butter oder Margarine, weich

100 g / 4 oz / ½ Tasse Kristallzucker (superfein)

1 geschlagenes Ei

5 ml / 1 Teelöffel Vanilleessenz (Extrakt)

225 g / 8 Unzen / 2 Tassen Mehl (Allzweck)

50 g / 2 oz / ¼ Tasse kandierte Kirschen (kandiert), gehackt

Butter oder Margarine und Zucker schaumig schlagen. Ei und Vanilleessenz nach und nach dazugeben, Mehl und Kirschen dazugeben und zu einem glatten Teig kneten. Zu einer Kugel formen, in Frischhaltefolie (Plastikfolie) wickeln und 1 Stunde kühl stellen.

Den Teig 5 mm / ¼ dick ausrollen und mit einem Ausstecher in Scheiben schneiden. Auf einem gefetteten Backblech (Biskuit) anrichten und im vorgeheizten Backofen bei 200°C / 400°F / Gasherd Stufe 6 10 Minuten goldbraun backen. Auf dem Backblech 5 Minuten abkühlen lassen, bevor es zum Abkühlen auf ein Gitter gelegt wird.

Kirsch- und Mandelringe

macht 24

100 g / 4 oz / ½ Tasse Butter oder Margarine, weich

100 g / 4 oz / ½ Tasse granulierter (superfeiner) Zucker, plus zusätzlicher Zucker zum Bestreuen

1 Ei, getrennt

225 g / 8 Unzen / 2 Tassen Mehl (Allzweck)

5 ml / 1 Teelöffel Backpulver

5 ml / 1 Teelöffel abgeriebene Zitronenschale

60 ml / 4 Esslöffel kandierte Kirschen (kandiert)

50 g / 2 oz / ½ Tasse Mandelsplitter (geschreddert)

Butter oder Margarine und Zucker schaumig schlagen. Eigelb nach und nach schlagen, dann Mehl, Backpulver, Zitronenschale und Kirschen dazugeben und mit den Händen fertig verkneten, bis die Masse gut verklebt ist. 5 mm / ¼ Zoll dick ausrollen und mit einem Ausstecher 6 cm / 2 Zoll in Kreise schneiden, dann die Mitte mit einem 2 cm / ¾ Zoll Ausstecher ausstechen. Die Kekse gut getrennt auf ein gefettetes Backblech legen und mit Bake in einstechen im vorgeheizten Backofen bei 180°C / 350°F / Gasherd Stufe 4 für 10 Minuten backen, mit Eiweiß bestreichen und mit Mandeln und Zucker bestreuen, dann weitere 5 Minuten goldbraun backen.

Schokoladen-Butter-Kekse

macht 24

100 g / 4 oz / ½ Tasse Butter oder Margarine

50 g / 2 oz / ¼ Tasse Kristallzucker (superfein)

100 g / 4 oz / 1 Tasse selbsttreibendes Mehl (mit Hefe)

30 ml / 2 EL Kakaopulver (ungesüßte Schokolade)

Butter oder Margarine und Zucker schaumig schlagen. Mehl und Kakao zugeben, bis eine steife Masse entsteht. Große walnussgroße Kugeln formen und mit großem Abstand auf ein gefettetes Backblech (Biskuit) legen und mit einer Gabel leicht andrücken, bis sie eben sind. Die Kekse (Kekse) im vorgeheizten Backofen bei 180°C/350°F/Gas Stufe 4 für 15 Minuten goldbraun backen.

Schokoladen- und Kirschbrötchen

macht 24

100 g / 4 oz / ½ Tasse Butter oder Margarine, weich

100 g / 4 oz / ½ Tasse Kristallzucker (superfein)

1 Ei

2,5 ml / ½ Teelöffel Vanilleessenz (Extrakt)

225 g / 8 Unzen / 2 Tassen Mehl (Allzweck)

5 ml / 1 Teelöffel Backpulver

Ein bisschen Salz

25 g / 1 oz / ¼ Tasse Kakaopulver (ungesüßte Schokolade)

25 g / 1 oz / 2 Esslöffel kandierte Kirschen (kandiert), gehackt

Butter und Zucker schaumig schlagen. Ei und Vanilleessenz nach und nach dazugeben, Mehl, Backpulver und Salz zu einem festen Teig verrühren. Teilen Sie den Teig in zwei Hälften und mischen Sie den Kakao in eine Hälfte und die Kirschen in die andere Hälfte. In Plastikfolie (Plastikfolie) einwickeln und 30 Minuten kühl stellen.

Jedes Teigstück zu einem etwa 3 mm dicken Rechteck ausrollen, übereinander legen und mit dem Nudelholz leicht andrücken. Längsseite aufrollen und leicht andrücken. In 1 cm / ½ dicke Scheiben schneiden und mit großem Abstand auf ein gefettetes Backblech (Biskuit) legen. Im vorgeheizten Backofen bei 200°C / 400°F / Gasherd Stufe 6 10 Minuten backen.

Schokoladenkekse

macht 24

75 g / 3 oz / 1/3 Tasse Butter oder Margarine

175 g / 6 Unzen / 1½ Tassen Mehl (Allzweck)

5 ml / 1 Teelöffel Backpulver

Eine Prise Backpulver (Backpulver)

50 g / 2 oz / ¼ Tasse weicher brauner Zucker

45 ml / 3 Esslöffel goldener Sirup (heller Mais)

100 g / 4 oz / 1 Tasse Schokoladenstückchen

Butter oder Margarine in Mehl, Backpulver und Soda einreiben, bis die Mischung Paniermehl ähnelt. Zucker, Sirup und Schokoladenstückchen dazugeben und glatt rühren. Kleine Kugeln formen und auf einem gefetteten Backblech anrichten, leicht andrücken, bis sie eben sind. Backen Sie die Kekse (Kekse) im vorgeheizten Ofen bei 190°C/375°F/Gas Stufe 5 für 15 Minuten, bis sie goldbraun sind.

Schokoladen- und Bananenplätzchen

macht 24

75 g / 3 oz / 1/3 Tasse Butter oder Margarine

175 g / 6 Unzen / 1½ Tassen Mehl (Allzweck)

5 ml / 1 Teelöffel Backpulver

2,5 ml / ½ Teelöffel Natron (Backpulver)

50 g / 2 oz / ¼ Tasse weicher brauner Zucker

45 ml / 3 Esslöffel goldener Sirup (heller Mais)

50 g / 2 oz / ½ Tasse Schokoladenstückchen

50 g / 2 oz / ½ Tasse getrocknete Bananenchips, grob gehackt

Butter oder Margarine in Mehl, Backpulver und Soda einreiben, bis die Mischung Paniermehl ähnelt. Zucker, Sirup, Schokoladenstückchen und Banane hinzufügen und mischen, bis der Teig glatt ist. Kleine Kugeln formen und auf einem gefetteten Backblech anrichten, leicht andrücken, bis sie eben sind. Backen Sie die Kekse (Kekse) im vorgeheizten Ofen bei 190°C/375°F/Gas Stufe 5 für 15 Minuten, bis sie goldbraun sind.

Schokoladen- und Nuss-Snacks

macht 24

50 g / 2 oz / ¼ Tasse Butter oder Margarine, aufgeweicht

175 g / 6 oz / ¾ Tasse Kristallzucker (superfein)

1 Ei

5 ml / 1 Teelöffel Vanilleessenz (Extrakt)

25 g / 1 oz / ¼ Tasse dunkle (halbbittere) Schokolade, geschmolzen

100 g / 4 oz / 1 Tasse Mehl (Allzweck)

5 ml / 1 Teelöffel Backpulver

Ein bisschen Salz

30 ml / 2 Esslöffel Milch

25 g / 1 oz / ¼ Tasse gehackte gemischte Walnüsse

Puderzucker, gesiebt, zum Bestreuen

Butter oder Margarine und Kristallzucker schaumig schlagen. Fügen Sie nach und nach das Ei und die Vanilleessenz hinzu und fügen Sie die Schokolade hinzu. Mehl, Hefe und Salz mischen und abwechselnd mit der Milch verrühren. Walnüsse zugeben, abdecken und 3 Stunden kühl stellen.

Die Masse zu 3 cm großen Kugeln rollen und diese in Puderzucker wälzen. Auf ein leicht gefettetes Backblech legen und im vorgeheizten Ofen bei 180°C / 350°F / Gasherd Stufe 4 15 Minuten backen, bis sie leicht gebräunt sind. Mit Puderzucker bestreut servieren.

Amerikanische Schokoladenkekse

Es ist 20

225 g / 8 oz / 1 Tasse Schmalz (Fett)

225 g / 8 oz / 1 Tasse weicher brauner Zucker

100 g / 4 oz / ½ Tasse Kristallzucker

5 ml / 1 Teelöffel Vanilleessenz (Extrakt)

2 Eier, leicht geschlagen

175 g / 6 Unzen / 1½ Tassen Mehl (Allzweck)

5 ml / 1 Teelöffel Salz

5 ml / 1 Teelöffel Backpulver (Backpulver)

225 g / 8 Unzen / 2 Tassen Haferflocken

350 g / 12 oz / 3 Tassen Schokoladenstückchen

Schmalz, Zucker und Vanilleessenz schaumig schlagen. Die Eier langsam hinzufügen. Mehl, Salz, Natron und Haferflocken hinzufügen und die Schokoladenstückchen hinzufügen. Die Mischung auf gefettete Backbleche (Kekse) geben und im vorgeheizten Ofen bei 180°C/350°F/Gas Stufe 4 ca. 10 Minuten goldbraun backen.

Schokoladencremes

macht 24

175 g / 6 oz / ¾ Tasse Butter oder Margarine, aufgeweicht

175 g / 6 oz / ¾ Tasse Kristallzucker (superfein)

225 g / 8 Unzen / 2 Tassen selbsttreibendes Mehl (mit Hefe)

75 g / 3 oz / ¾ Tasse Kokosraspeln (gerieben)

100 g / 4 oz / 4 Tassen Cornflakes, zerkleinert

25 g / 1 oz / ¼ Tasse Kakaopulver (ungesüßte Schokolade)

60 ml / 4 Esslöffel kochendes Wasser

100 g / 4 oz / 1 Tasse Zartbitterschokolade (halbsüß)

Butter oder Margarine mit dem Zucker schaumig schlagen und Mehl, Kokosnuss und Cornflakes dazugeben. Den Kakao mit dem kochenden Wasser verrühren und zu der Mischung geben. 2,5 cm/1 Kugeln formen, auf ein gefettetes Backblech (Biskuit) legen und mit einer Gabel leicht andrücken, bis sie eben sind. Im vorgeheizten Backofen bei 180°C/350°F/Gas Stufe 4 15 Minuten goldbraun backen.

Die Schokolade in einer hitzebeständigen Schüssel über einem Topf mit siedendem Wasser schmelzen. Die Hälfte der Kekse (Kekse) darauf verteilen und die andere Hälfte darauf legen. Abkühlen lassen.

Kekse mit Schokoladenstückchen und Haselnüssen

macht 16

200 g / 7 oz / knapp 1 Tasse Butter oder Margarine, aufgeweicht

50 g / 2 oz / ¼ Tasse Kristallzucker (superfein)

100 g / 4 oz / ½ Tasse weicher brauner Zucker

10 ml / 2 TL Vanilleessenz (Extrakt)

1 geschlagenes Ei

275 g / 10 Unzen / 2½ Tassen Mehl (Allzweck)

50 g / 2 oz / ½ Tasse Kakaopulver (ungesüßte Schokolade)

5 ml / 1 Teelöffel Backpulver

75 g / 3 oz / ¾ Tasse Haselnüsse

225 g / 8 oz / 2 Tassen weiße Schokolade, gehackt

Butter oder Margarine, Zucker und Vanilleessenz schaumig schlagen, dann das Ei hinzugeben. Mehl, Kakao und Hefe hinzugeben. Walnüsse und Schokolade unterrühren, bis die Mischung zusammenkommt. 16 Kugeln formen und auf einem gefetteten und mit Backpapier ausgelegten Backblech (Biskuit) gleichmäßig verteilen, dann mit einem Löffelrücken leicht glatt streichen. Im vorgeheizten Backofen bei 160°C/325°F/Gas Stufe 3 ca. 15 Minuten backen, bis sie gar, aber noch leicht durchgegart sind.

Schokoladen- und Muskatkekse

macht 24

50 g / 2 oz / ¼ Tasse Butter oder Margarine, aufgeweicht

100 g / 4 oz / ½ Tasse Kristallzucker (superfein)

15 ml / 1 Esslöffel Kakaopulver (ungesüßte Schokolade).

1 Eigelb

2,5 ml / ½ Teelöffel Vanilleessenz (Extrakt)

150 g / 5 oz / 1¼ Tassen Mehl (Allzweck)

5 ml / 1 Teelöffel Backpulver

Eine Prise geriebene Muskatnuss

60 ml / 4 Esslöffel saure Sahne (Milchsäure)

Butter oder Margarine und Zucker schaumig schlagen. Kakao einrühren. Eigelb und Vanilleessenz dazugeben und Mehl, Backpulver und Muskat hinzugeben. Die Sahne glatt rühren. Abdecken und kühl stellen.

Den Teig 5 mm / ¼ dick ausrollen und mit einem 5 cm / 2 dicken Ausstecher ausstechen. Die Kekse (Kekse) auf ein ungefettetes Backblech (Biskuit) legen und im vorgeheizten Ofen bei 200°C / 400°F / Gasherd Stufe 6 10 Minuten goldbraun backen.

Kekse mit Schokoladenüberzug

macht 16

175 g / 6 oz / ¾ Tasse Butter oder Margarine, aufgeweicht

75 g / 3 Unzen / 1/3 Tasse Kristallzucker (superfein)

175 g / 6 Unzen / 1½ Tassen Mehl (Allzweck)

50 g / 2 Unzen / ½ Tasse gemahlener Reis

75 g / 3 oz / ¾ Tasse Schokoladenstückchen

100 g / 4 oz / 1 Tasse Zartbitterschokolade (halbsüß)

Butter oder Margarine und Zucker schaumig schlagen. Mehl und gemahlenen Reis hinzufügen und die Schokoladenstückchen kneten. In eine gefettete Biskuitrollenform (Jelly Roll Form) drücken und mit einer Gabel einstechen. Im vorgeheizten Backofen bei 160°C / Gasherd Stufe 3 30 Minuten goldbraun backen. Noch heiß mit den Fingern markieren und vollständig abkühlen lassen.

Die Schokolade in einer hitzebeständigen Schüssel über einem Topf mit siedendem Wasser schmelzen. Auf die Kekse (Kekse) verteilen und abkühlen und aushärten lassen, bevor Sie sie in Ihre Finger schneiden. In einem luftdichten Behälter aufbewahren.

Kekse mit Kaffee und Schokoladensandwich

wird 40

Für die Kekse (Kekse):

175 g / 6 oz / ¾ Tasse Butter oder Margarine

25 g / 1 oz / 2 Esslöffel Schmalz (Backfett)

450 g / 1 lb / 4 Tassen Mehl (Allzweck)

Ein bisschen Salz

100 g / 4 oz / ½ Tasse weicher brauner Zucker

5 ml / 1 Teelöffel Backpulver (Backpulver)

60 ml / 4 Esslöffel starker schwarzer Kaffee

5 ml / 1 Teelöffel Vanilleessenz (Extrakt)

100 g / 4 oz / 1/3 Tasse goldener Sirup (leichter Mais)

Für die Füllung:

10 ml / 2 Teelöffel lösliches Kaffeepulver

10 ml / 2 TL kochendes Wasser

50 g / 2 oz / ¼ Tasse Kristallzucker (superfein)

25 g / 1 oz / 2 Esslöffel Butter oder Margarine

15 ml / 1 Esslöffel Milch

Für die Kekse die Butter oder Margarine und das Schmalz in das Mehl und Salz geben, bis die Mischung Paniermehl ähnelt, dann den braunen Zucker hinzufügen. Das Soda mit etwas Kaffee verrühren, dann den restlichen Kaffee, Vanilleessenz und Sirup dazugeben und zu einem glatten Teig schlagen. In eine leicht geölte Schüssel geben, mit Frischhaltefolie (Klippfolie) abdecken und über Nacht ruhen lassen.

Den Teig auf einer leicht bemehlten Fläche etwa 1 cm / ½ dick ausrollen und in 2 x 7,5 cm / ¾ x 3 Rechtecke schneiden. Mit einer Gabel jeweils einritzen, sodass ein Streifenmuster entsteht. Auf ein gefettetes Backblech (Biskuit) legen und im vorgeheizten Backofen bei 200°C / 400°F / Gasherd Stufe 6 10 Minuten goldbraun backen. Auf einem Kuchengitter abkühlen lassen.

Für die Füllung den Kaffeesatz in einem kleinen Topf in kochendem Wasser auflösen, die restlichen Zutaten hinzugeben und zum Kochen bringen. 2 Minuten kochen, vom Herd nehmen und schlagen, bis sie eingedickt und abgekühlt sind. Sandwich die Kekspaare zusammen mit der Füllung.

Weihnachtsplätzchen

macht 24

100 g / 4 oz / ½ Tasse Butter oder Margarine, weich

100 g / 4 oz / ½ Tasse Kristallzucker (superfein)

225 g / 8 Unzen / 2 Tassen Mehl (Allzweck)

Ein bisschen Salz

5 ml / 1 Teelöffel Zimtpulver

1 Eigelb

10 ml / 2 TL kaltes Wasser

Ein paar Tropfen Vanilleessenz (Extrakt)

Für die Glasur (Glasur):

225 g / 8 Unzen / 11/3 Tassen Puderzucker (Konditoren), gesiebt

30 ml / 2 Esslöffel Wasser

Lebensmittelfarbe (optional)

Butter und Zucker schaumig schlagen. Mehl, Salz und Zimt zugeben, Eigelb, Wasser und Vanilleessenz zugeben und zu einem festen Teig verrühren. In Frischhaltefolie (Plastikfolie) wickeln und 30 Minuten kühl stellen.

Den Teig 5 mm / ¼ dick ausrollen und mit einem Ausstecher oder einem scharfen Messer weihnachtliche Formen ausstechen.

Machen Sie ein Loch in die Oberseite jedes Kekses, wenn Sie sie an einem Baum aufhängen möchten. Die Förmchen auf ein gefettetes Backblech (Biskuit) stellen und im vorgeheizten Ofen bei 200°C / 400°F / Gasherd Stufe 6 10 Minuten goldbraun backen. Abkühlen lassen.

Für die Glasur das Wasser nach und nach mit dem Puderzucker verrühren, bis eine sehr dicke Glasur entsteht. Malen Sie bei Bedarf kleine Mengen in verschiedenen Farben. Förmchen auf die Kekse setzen und aushärten lassen. Fädeln Sie eine Bandschlaufe oder einen Faden durch das Aufhängeloch.

Kokosnuss-Plätzchen

macht 32

50 g / 2 oz / 3 Esslöffel goldener Sirup (heller Mais)

150 g / 5 oz / 2/3 Tasse Butter oder Margarine

100 g / 4 oz / ½ Tasse Kristallzucker (superfein)

100 g / 4 oz / 1 Tasse Mehl (Allzweck)

75 g / 3 oz / ¾ Tasse Haferflocken

50 g / 2 oz / ½ Tasse Kokosraspeln (gerieben)

10 ml / 2 TL Natron (Backpulver)

15 ml / 1 Esslöffel heißes Wasser

Sirup, Butter oder Margarine und Zucker zusammen schmelzen. Mehl, Haferflocken und Kokosraspeln hinzufügen. Mischen Sie das Natron mit dem heißen Wasser und fügen Sie die anderen Zutaten hinzu. Die Masse etwas abkühlen lassen, in 32 Stücke teilen und jeweils zu einer Kugel rollen. Plätzchen (Kekse) flachdrücken und auf gefettete Backbleche (Kekse) legen. Im vorgeheizten Backofen bei 160°C / Gasherd Stufe 3 20 Minuten goldbraun backen.

Maiskuchen mit Fruchtcreme

macht 12

150 g / 5 oz / 1¼ Tassen Allzweckmehl (Vollkorn)

150 g / 5 oz / 1¼ Tassen Maismehl

10 ml / 2 TL Backpulver

Ein bisschen Salz

225 g / 8 oz / 1 Tasse Joghurt

75 g / 3 oz / ¼ Tasse klarer Honig

2 Eier

45 ml / 3 Esslöffel Öl

                     Für die Fruchtcreme:

150 g / 5 oz / 2/3 Tasse Butter oder Margarine, aufgeweicht

1 Zitronensaft

Ein paar Tropfen Vanilleessenz (Extrakt)

30 ml / 2 Esslöffel Kristallzucker (superfine)

Erdbeeren 225 gr

Mehl, Maismehl, Hefe und Salz mischen. Joghurt, Honig, Eier und Öl zugeben und zu einem glatten Teig verrühren. Auf einer leicht bemehlten Fläche etwa 1 cm/½ dick ausrollen und in große

Scheiben schneiden. Auf ein gefettetes Backblech (Biskuit) legen und im vorgeheizten Backofen bei 200°C / 400°F / Gasherd Stufe 6 15 Minuten goldbraun backen.

Für die Fruchtcreme Butter oder Margarine, Zitronensaft, Vanilleextrakt und Zucker schaumig schlagen. Einige Erdbeeren zur Dekoration aufbewahren, den Rest schlagen und durch ein Sieb (Sieb) passieren, wenn Sie Sahne ohne Kerne (Stein) bevorzugen. Die Buttermischung unterrühren und kalt stellen. Legen Sie vor dem Servieren einen Löffel oder eine Tube Sahne auf jeden Keks.

Kornische Kekse

Es ist 20

225 g / 8 Unzen / 2 Tassen selbsttreibendes Mehl (mit Hefe)

Ein bisschen Salz

100 g / 4 oz / ½ Tasse Butter oder Margarine

175 g / 6 oz / 2/3 Tasse Kristallzucker (superfein)

1 Ei

Puderzucker, gesiebt, zum Bestreuen

Mehl und Salz in einer Schüssel mischen und in Butter oder Margarine tunken, bis die Mischung Paniermehl ähnelt. Fügen Sie den Zucker hinzu. Fügen Sie das Ei hinzu und kneten Sie, bis Sie einen weichen Teig erhalten. Auf einer leicht bemehlten Fläche ausrollen und in Scheiben schneiden.

Auf ein gefettetes Backblech legen und im vorgeheizten Backofen bei 200°C / 400°F / Gas Stufe 6 ca. 10 Minuten goldbraun backen.

Ganze Beerenkekse

macht 36

100 g / 4 oz / ½ Tasse Butter oder Margarine, weich

50 g / 2 oz / ¼ Tasse Demerara-Zucker

2 Eier getrennt

100 g / 4 oz / 2/3 Tassen Johannisbeeren

225 g / 8 Unzen / 2 Tassen Allzweckmehl (Vollkorn)

100 g / 4 oz / 1 Tasse Mehl (Allzweck)

5 ml / 1 TL gemahlene Gewürze (Apfelkuchen)

150 ml / ¼ pt / 2/3 Tasse Milch plus extra zum Bürsten

Butter oder Margarine und Zucker schaumig schlagen. Fügen Sie das Eigelb hinzu und fügen Sie die Johannisbeeren hinzu. Mehl und Gewürze mischen und mit der Milch durch die Mischung mischen. Schlagen Sie das Eiweiß, bis es weiche Spitzen bildet, und heben Sie es dann unter die Mischung, um einen weichen Teig zu bilden. Den Teig auf einer leicht bemehlten Fläche ausrollen und mit einem 5 cm / 2 Ausstecher ausstechen. Auf ein gefettetes Backblech legen und mit Milch bestreichen. Im vorgeheizten Backofen bei 180°C/350°F/Gas Stufe 4 20 Minuten goldbraun backen.

Dattel-Sandwich-Kekse

macht 30

225 g / 8 oz / 1 Tasse Butter oder Margarine, aufgeweicht

450 g / 1 lb / 2 Tassen weicher brauner Zucker

225 g / 8 Unzen / 2 Tassen Hafer

225 g / 8 Unzen / 2 Tassen Mehl (Allzweck)

2,5 ml / ½ Teelöffel Natron (Backpulver)

Ein bisschen Salz

120 ml / 4 fl oz / ½ Tasse Milch

225 g / 8 oz / 2 Tassen entsteinte Datteln (entkernt), sehr fein gehackt

250 ml / 8 fl oz / 1 Tasse Wasser

Butter oder Margarine und die Hälfte des Zuckers schaumig schlagen. Die trockenen Zutaten vermischen und abwechselnd mit der Milch zur Sahne geben, bis ein fester Teig entsteht. Auf einem leicht bemehlten Brett ausrollen und mit einem Ausstecher in Scheiben schneiden. Auf ein gefettetes Backblech legen und im vorgeheizten Backofen bei 180°C / 350°F / Gasherd Stufe 4 10 Minuten goldbraun backen.

Alle anderen Zutaten in einen Topf geben und zum Kochen bringen. Hitze reduzieren und 20 Minuten kochen, bis es eingedickt ist, gelegentlich umrühren. Abkühlen lassen. Sandwich die Kekse zusammen mit der Füllung.

Verdauungskekse (Graham Biscuits)

macht 24

175 g / 6 oz / 1½ Tassen Allzweckmehl (Vollkorn)

50 g / 2 oz / ½ Tasse Mehl (Allzweck)

50 g / 2 oz / ½ Tasse mittelgroße Haferflocken

2,5 ml / ½ Teelöffel Salz

5 ml / 1 Teelöffel Backpulver

100 g / 4 oz / ½ Tasse Butter oder Margarine

30 ml / 2 Esslöffel weicher brauner Zucker

60 ml / 4 Esslöffel Milch

Mehl, Haferflocken, Salz und Backpulver mischen, die Butter oder Margarine passieren und den Zucker hinzufügen. Milch nach und nach zugeben und zu einem weichen Teig verkneten. Gut durchkneten, bis es nicht mehr klebt. 5 mm / ¼ dick ausrollen und mit einem Ausstecher 5 cm / 2 Kreise schneiden. Auf ein gefettetes Backblech legen und im vorgeheizten Ofen bei 180°C/350°F/Gas Stufe 4 ca. 15 Minuten backen.

Osterplätzchen

Es ist 20

75 g / 3 oz / 1/3 Tasse Butter oder Margarine, aufgeweicht

100 g / 4 oz / ½ Tasse Kristallzucker (superfein)

1 Eigelb

150 g / 6 oz / 1½ Tassen selbsttreibendes Mehl (mit Hefe)

5 ml / 1 TL gemahlene Gewürze (Apfelkuchen)

15 ml / 1 Esslöffel gehackte gemischte Jakobsmuscheln (kandiert)

50 g / 2 oz / 1/3 Tasse schwarze Johannisbeere

15 ml / 1 Esslöffel Milch

Raffinierter (feinster) Zucker zum Bestreuen

Butter oder Margarine und Zucker schaumig schlagen. Fügen Sie das Eigelb hinzu, fügen Sie das Mehl und die gemischten Kräuter hinzu. Schale und Johannisbeeren mit so viel Milch zu einem festen Teig verrühren. 5 mm / ¼ dick ausrollen und mit einem Ausstecher in 5 cm / 2 Scheiben schneiden. Plätzchen auf ein gefettetes Backblech legen und mit einer Gabel einstechen. Im vorgeheizten Ofen bei 180°C/350°F/Gas Stufe 4 ca. 20 Minuten goldbraun backen. Mit Zucker bestreuen.

Florentiener

wird 40

100 g / 4 oz / ½ Tasse Butter oder Margarine

100 g / 4 oz / ½ Tasse Kristallzucker (superfein)

15 ml / 1 Esslöffel Sahne (schwer)

100 g / 4 oz / 1 Tasse gehackte gemischte Walnüsse

75 g / 3 oz / ½ Tasse Sultaninen (goldene Rosinen)

50 g / 2 oz / ¼ Tasse glasierte Kirschen (kandiert)

Butter oder Margarine, Zucker und Sahne in einer Pfanne schmelzen und zum Kochen bringen. Vom Herd nehmen und die Walnüsse, Sultaninen und Kirschen hinzufügen. Die Teelöffel in ausreichendem Abstand auf mit Reispapier gefettete Backbleche setzen. Im vorgeheizten Ofen bei 180°C / 350°F / Gasherd Stufe 4 für 10 Minuten backen. Auf den Backblechen 5 Minuten abkühlen lassen, dann zum Abkühlen auf ein Kuchengitter legen und überschüssiges Reispapier abschneiden.

Schoko Florentiner

wird 40

100 g / 4 oz / ½ Tasse Butter oder Margarine

100 g / 4 oz / ½ Tasse Kristallzucker (superfein)

15 ml / 1 Esslöffel Sahne (schwer)

100 g / 4 oz / 1 Tasse gehackte gemischte Walnüsse

75 g / 3 oz / ½ Tasse Sultaninen (goldene Rosinen)

50 g / 2 oz / ¼ Tasse glasierte Kirschen (kandiert)

100 g / 4 oz / 1 Tasse Zartbitterschokolade (halbsüß)

Butter oder Margarine, Zucker und Sahne in einer Pfanne schmelzen und zum Kochen bringen. Vom Herd nehmen und die Walnüsse, Sultaninen und Kirschen hinzufügen. Die Teelöffel in ausreichendem Abstand auf mit Reispapier gefettete Backbleche setzen. Im vorgeheizten Ofen bei 180°C / 350°F / Gasherd Stufe 4 für 10 Minuten backen. Auf den Backblechen 5 Minuten abkühlen lassen, dann zum Abkühlen auf ein Kuchengitter legen und überschüssiges Reispapier abschneiden.

Die Schokolade in einer hitzebeständigen Schüssel über einem Topf mit siedendem Wasser schmelzen. Über die Kekse (Kekse) verteilen und abkühlen und aushärten lassen.

Luxuriöse Schokoladen-Florentiner

wird 40

100 g / 4 oz / ½ Tasse Butter oder Margarine

100 g / 4 oz / ½ Tasse weicher brauner Zucker

15 ml / 1 Esslöffel Sahne (schwer)

50 g / 2 oz / ¼ Tasse Mandeln, gehackt

50 g Haselnüsse, gehackt

75 g / 3 oz / ½ Tasse Sultaninen (goldene Rosinen)

50 g / 2 oz / ¼ Tasse glasierte Kirschen (kandiert)

100 g / 4 oz / 1 Tasse Zartbitterschokolade (halbsüß)

50 g / 2 oz / ½ Tasse weiße Schokolade

Butter oder Margarine, Zucker und Sahne in einer Pfanne schmelzen und zum Kochen bringen. Vom Herd nehmen und die Walnüsse, Sultaninen und Kirschen hinzufügen. Die Teelöffel in ausreichendem Abstand auf mit Reispapier gefettete Backbleche setzen. Im vorgeheizten Ofen bei 180°C / 350°F / Gasherd Stufe 4 für 10 Minuten backen. Auf den Backblechen 5 Minuten abkühlen lassen, dann zum Abkühlen auf ein Kuchengitter legen und überschüssiges Reispapier abschneiden.

Die dunkle Schokolade in einer hitzebeständigen Schüssel über einem Topf mit siedendem Wasser schmelzen. Über die Kekse (Kekse) verteilen und abkühlen und aushärten lassen. Die weiße Schokolade auf die gleiche Weise in einer sauberen Schüssel schmelzen und dann Linien aus weißer Schokolade in einem zufälligen Muster über die Kekse verteilen.

Fudge-Nuss-Kekse

macht 30

75 g / 3 oz / 1/3 Tasse Butter oder Margarine, aufgeweicht

200 g / 7 oz / knapp 1 Tasse Kristallzucker (superfein)

1 Ei, leicht geschlagen

100 g / 4 oz / ½ Tasse Hüttenkäse

5 ml / 1 Teelöffel Vanilleessenz (Extrakt)

150 g / 5 oz / 1¼ Tassen Mehl (Allzweck)

25 g / 1 oz / ¼ Tasse Kakaopulver (ungesüßte Schokolade)

2,5 ml / ½ Teelöffel Backpulver

1,5 ml / ¼ Teelöffel Natron (Backpulver)

Ein bisschen Salz

25 g / 1 oz / ¼ Tasse gehackte gemischte Walnüsse

25 g / 1 oz / 2 Esslöffel Kristallzucker

Butter oder Margarine und Kristallzucker schaumig schlagen. Ei und Hüttenkäse nach und nach unterrühren. Die restlichen Zutaten, außer dem Kristallzucker, hinzufügen und glatt rühren. In Plastikfolie (Plastikfolie) einwickeln und 1 Stunde kühl stellen.

Den Teig zu walnussgroßen Kugeln rollen und diese im Kristallzucker wälzen. Legen Sie die Kekse (Kekse) auf ein gefettetes Backblech (Kekse) und backen Sie sie im vorgeheizten Ofen bei 180°C / 350°F / Gasherd Stufe 4 für 10 Minuten.

Deutsche Eiskekse

macht 12

50 g / 2 oz / ¼ Tasse Butter oder Margarine

100 g / 4 oz / 1 Tasse Mehl (Allzweck)

25 g / 1 oz / 2 Esslöffel Kristallzucker (superfein)

60 ml / 4 EL Brombeermarmelade (Dose)

100 g / 4 oz / 2/3 Tasse Puderzucker, gesiebt

15 ml / 1 Esslöffel Zitronensaft

Reiben Sie die Butter in das Mehl, bis die Mischung Paniermehl ähnelt. Den Zucker hinzugeben und andrücken, bis sich eine Paste bildet. 5 mm / ¼ dick ausrollen und mit einem Ausstecher in Scheiben schneiden. Auf ein gefettetes Backblech (Biskuit) legen und im vorgeheizten Ofen bei 180°C/350°F/Gas Stufe 6 10 Minuten backen, bis er abgekühlt ist. Abkühlen lassen.

Sandwich Kekse zusammen mit der Marmelade. Puderzucker in eine Schüssel geben und in die Mitte eine Mulde drücken. Nach und nach den Zitronensaft unterrühren, um eine Glasur zu erhalten. Mit den Keksen bestreuen und ruhen lassen.

Ingwer schnappt

macht 24

300 g / 10 oz / 1¼ Tassen Butter oder Margarine, weich

225 g / 8 oz / 1 Tasse weicher brauner Zucker

75 g / 3 oz / ¼ Tasse schwarze Melasse (Melasse)

1 Ei

250 g / 9 Unzen / 2¼ Tassen Mehl (Allzweck)

10 ml / 2 TL Natron (Backpulver)

2,5 ml / ½ Teelöffel Salz

5 ml / 1 TL Ingwerpulver

5 ml / 1 Teelöffel gemahlene Nelken

5 ml / 1 Teelöffel Zimtpulver

50 g / 2 oz / ¼ Tasse Kristallzucker

Butter oder Margarine, braunen Zucker, Melasse und Ei cremig schlagen. Mehl, Natron, Salz und Gewürze mischen. Die Butter hinzugeben und zu einem festen Teig verkneten. Abdecken und 1 Stunde kühl stellen.

Den Teig zu kleinen Kugeln formen und im Kristallzucker wälzen. Gut getrennt auf ein gefettetes Backblech legen und mit etwas Wasser beträufeln. Im vorgeheizten Backofen bei 190°C/375°F/Gasstufe 5 12 Minuten backen, bis sie goldbraun und knusprig sind.

Ingwer Kekse

macht 24

100 g / 4 oz / ½ Tasse Butter oder Margarine

225 g / 8 Unzen / 2 Tassen selbsttreibendes Mehl (mit Hefe)

5 ml / 1 Teelöffel Backpulver (Backpulver)

5 ml / 1 TL Ingwerpulver

100 g / 4 oz / ½ Tasse Kristallzucker (superfein)

45 ml / 3 EL goldener Sirup (heller Mais), erwärmt

Reiben Sie die Butter oder Margarine in das Mehl, Backpulver und Ingwer. Zucker zugeben, Sirup mischen und zu einem festen Teig schlagen. Zu walnussgroßen Kugeln rollen, mit großem Abstand auf ein gefettetes Backblech (Biskuit) legen und mit einer Gabel leicht andrücken, bis eine ebene Fläche entsteht. Backen Sie die Kekse (Kekse) im vorgeheizten Backofen bei 190°C/375°F/Gas Stufe 5 für 10 Minuten.

Lebkuchenmänner

Macht etwa 16

350 g / 12 oz / 3 Tassen selbsttreibendes Mehl

Ein bisschen Salz

10 ml / 2 TL Ingwerpulver

100 g / 4 oz / 1/3 Tasse goldener Sirup (leichter Mais)

75 g / 3 oz / 1/3 Tasse Butter oder Margarine

25 g / 1 oz / 2 Esslöffel Kristallzucker (superfein)

1 Ei, leicht geschlagen

Einige Johannisbeeren (optional)

Mehl, Salz und Ingwer mischen. Sirup, Butter oder Margarine und Zucker in einem Topf schmelzen. Etwas abkühlen lassen, dann die trockenen Zutaten mit dem Ei verquirlen und schlagen, bis ein fester Teig entsteht. Auf einer leicht bemehlten Fläche auf 5 mm / ¼ Dicke ausrollen und mit Ausstechformen ausstechen. Die Anzahl, die Sie machen können, hängt von der Größe Ihrer Ausstecher ab. Auf ein leicht gefettetes (Keks-)Backblech legen und nach Belieben die Johannisbeeren leicht in die Kekse (Kekse) für die Augen und Knöpfe drücken. Im vorgeheizten Backofen bei 180°C/350°F/Gas Stufe 4 15 Minuten backen, bis sie goldbraun sind und sich fest anfühlen.

Lebkuchenplätzchen aus Vollkornweizen

macht 24

200 g / 7 Unzen / 1¾ Tassen Allzweckmehl (Vollkorn)

10 ml / 2 TL Backpulver

10 ml / 2 TL Ingwerpulver

100 g / 4 oz / ½ Tasse Butter oder Margarine

50 g / 2 oz / ¼ Tasse weicher brauner Zucker

60 ml / 4 Esslöffel klarer Honig

Mehl, Hefe und Ingwer mischen. Butter oder Margarine mit Zucker und Honig schmelzen, mit den trockenen Zutaten mischen und zu einem festen Teig schlagen. Auf einer bemehlten Arbeitsfläche ausrollen und mit einem Ausstecher in Scheiben schneiden. Auf ein gefettetes Backblech legen und im vorgeheizten Backofen bei 190°C/375°F/Gas Stufe 5 für 12 Minuten goldbraun und knusprig backen.

Ingwer- und Reiskuchen

macht 12

225 g / 8 Unzen / 2 Tassen Mehl (Allzweck)

2,5 ml / ½ Teelöffel gemahlener Apfel

10 ml / 2 TL Ingwerpulver

75 g / 3 oz / 1/3 Tasse Butter oder Margarine

175 g / 6 oz / ¾ Tasse Kristallzucker (superfein)

1 geschlagenes Ei

5 ml / 1 Teelöffel Zitronensaft

30 ml / 2 Esslöffel gemahlener Reis

Mehl und Gewürze mischen, Butter oder Margarine passieren, bis die Mischung Paniermehl ähnelt, und Zucker hinzufügen. Ei und Zitronensaft zu einem festen Teig verrühren und vorsichtig zu einem glatten Teig kneten. Eine Arbeitsfläche mit dem gemahlenen Reis bestreuen und den Teig 1 cm dick ausrollen. Mit einem Ausstecher in Scheiben von 5 cm/2 schneiden. Auf einem gefetteten Backblech (Biskuit) anrichten und im vorgeheizten Backofen bei 180°C/350°F/Gas Stufe 4 20 Minuten backen, bis sie sich fest anfühlen.

goldene Kekse

macht 36

75 g / 3 oz / 1/3 Tasse Butter oder Margarine, aufgeweicht

200 g / 7 oz / knapp 1 Tasse Kristallzucker (superfein)

2 Eier, leicht geschlagen

225 g / 8 Unzen / 2 Tassen Mehl (Allzweck)

10 ml / 2 TL Backpulver

5 ml / 1 Teelöffel geriebene Muskatnuss

Ein bisschen Salz

Ei oder Milch zum Glasieren

Raffinierter (feinster) Zucker zum Bestreuen

Butter oder Margarine und Zucker schaumig schlagen. Eier nach und nach unterrühren, dann Mehl, Backpulver, Muskatnuss und Salz dazugeben und zu einem weichen Teig verkneten. Zugedeckt 30 Minuten ruhen lassen.

Den Teig auf einer leicht bemehlten Fläche etwa 5 mm / ¼ dick ausrollen und mit einem Ausstecher Kreise ausstechen. Auf ein gefettetes Backblech legen, mit verquirltem Ei oder Milch bestreichen und mit Zucker bestreuen. Im vorgeheizten Backofen bei 200°C / 400°F / Gasherd Stufe 6 8-10 Minuten goldbraun backen.

Haselnussplätzchen

macht 24

100 g / 4 oz / ½ Tasse Butter oder Margarine, weich

50 g / 2 oz / ¼ Tasse Kristallzucker (superfein)

100 g / 4 oz / 1 Tasse Mehl (Allzweck)

25 g / 1 oz / ¼ Tasse gemahlene Haselnüsse

Butter oder Margarine und Zucker schaumig schlagen. Mehl und Walnüsse nach und nach zugeben, bis ein fester Teig entsteht. Kleine Kugeln formen und diese gut getrennt auf ein gefettetes Backblech (Biskuit) legen. Backen Sie die Kekse (Kekse) im vorgeheizten Backofen bei 180°C/350°F/Gas Stufe 4 für 20 Minuten.

Knusprige Haselnusskekse

wird 40

100 g / 4 oz / ½ Tasse Butter oder Margarine, weich

100 g / 4 oz / ½ Tasse Kristallzucker (superfein)

1 geschlagenes Ei

5 ml / 1 Teelöffel Vanilleessenz (Extrakt)

175 g / 6 Unzen / 1½ Tassen Mehl (Allzweck)

50 g / 2 oz / ½ Tasse gemahlene Haselnüsse

50 g Haselnüsse, gehackt

Butter oder Margarine und Zucker schaumig schlagen. Ei und Vanilleessenz nach und nach verquirlen, Mehl, Haselnüsse und gemahlene Haselnüsse dazugeben und zu einem Teig kneten. Zu einer Kugel formen, in Frischhaltefolie (Plastikfolie) wickeln und 1 Stunde kühl stellen.

Den Teig 5 mm / ¼ dick ausrollen und mit einem Ausstecher in Scheiben schneiden. Auf einem gefetteten Backblech (Biskuit) anrichten und im vorgeheizten Backofen bei 200°C / 400°F / Gasherd Stufe 6 10 Minuten goldbraun backen.

Haselnuss- und Mandelkekse

macht 24

100 g / 4 oz / ½ Tasse Butter oder Margarine, weich

75 g / 3 oz / ½ Tasse Puderzucker (Puderzucker), gesiebt

50 g / 2 oz / 1/3 Tasse gemahlene Haselnüsse

50 g / 2 oz / 1/3 Tasse gemahlene Mandeln

100 g / 4 oz / 1 Tasse Mehl (Allzweck)

5 ml / 1 Teelöffel Mandelessenz (Extrakt)

Ein bisschen Salz

Butter oder Margarine und Zucker schaumig schlagen. Die anderen Zutaten zu einem festen Teig verrühren. Zu einer Kugel formen, mit Frischhaltefolie (Klippfolie) abdecken und 30 Minuten kühl stellen.

Den Teig etwa 1 cm dick ausrollen und mit einem Ausstecher in Scheiben schneiden. Auf ein gefettetes Backblech (Biskuit) legen und im vorgeheizten Backofen bei 180°C/350°F/Gas Stufe 4 15 Minuten goldbraun backen.

Honig-Plätzchen

macht 24

75 g / 3 oz / 1/3 Tasse Butter oder Margarine

100 g / 4 oz / 1/3 Tasse Honigset

225 g / 8 Unzen / 2 Tassen Allzweckmehl (Vollkorn)

5 ml / 1 Teelöffel Backpulver

Ein bisschen Salz

50 g / 2 oz / ¼ Tasse Muscovado-Zucker

5 ml / 1 Teelöffel Zimtpulver

1 Ei, leicht geschlagen

Butter oder Margarine und Honig schmelzen, bis alles gut vermischt ist. Fügen Sie die restlichen Zutaten hinzu. Die Masse gleichmäßig auf ein gefettetes Backblech (Biskuit) verteilen und im vorgeheizten Ofen bei 180°C/350°F/Gas Stufe 4 für 15 Minuten goldbraun backen. 5 Minuten abkühlen lassen, bevor es zum Abkühlen auf ein Gitter gelegt wird.

Honig Ratafias

macht 24

2 Eiweiß

100 g / 4 oz / 1 Tasse gemahlene Mandeln

Ein paar Tropfen Mandelessenz (Extrakt)

100 g / 4 oz / 1/3 Tasse klarer Honig

Reis Papier

Das Eiweiß steif schlagen. Mandeln, Mandelessenz und Honig vorsichtig unterheben. Die Masse löffelweise auf mit Reispapier ausgelegte Backbleche verteilen und im vorgeheizten Ofen bei 180°C/350°F/Gas Stufe 4 für 15 Minuten goldbraun backen. Lassen Sie es etwas abkühlen und reißen Sie das Papier ab, um es zu entfernen.

Honig- und Buttermilchkekse

macht 12

50 g / 2 oz / ¼ Tasse Butter oder Margarine

225 g / 8 Unzen / 2 Tassen selbsttreibendes Mehl (mit Hefe)

175 ml / 6 fl oz / ¾ Tasse Buttermilch

45 ml / 3 Esslöffel klarer Honig

Reiben Sie die Butter oder Margarine in das Mehl, bis die Mischung Paniermehl ähnelt. Buttermilch und Honig zugeben und zu einem festen Teig verrühren. Auf eine leicht bemehlte Fläche geben und glatt kneten, dann 2 cm dick ausrollen und mit einem Ausstecher 5 cm rund ausstechen. Auf ein gefettetes Backblech (Biskuit) legen und im vorgeheizten Ofen bei 230°C / 450°F / Gasherd Stufe 8 10 Minuten goldbraun backen.

Zitronen-Butter-Kekse

Es ist 20

100 g / 4 oz / 1 Tasse gemahlener Reis

100 g / 4 oz / 1 Tasse Mehl (Allzweck)

75 g / 3 Unzen / 1/3 Tasse Kristallzucker (superfein)

Ein bisschen Salz

2,5 ml / ½ Teelöffel Backpulver

100 g / 4 oz / ½ Tasse Butter oder Margarine

abgeriebene Schale von 1 Zitrone

1 geschlagenes Ei

Mischen Sie den gemahlenen Reis, Mehl, Zucker, Salz und Hefe. Passieren Sie die Butter, bis die Mischung einem Semmelbrösel ähnelt. Die Zitronenschale dazugeben und mit so viel Ei verrühren, dass ein fester Teig entsteht. Leicht durchkneten, auf einer bemehlten Arbeitsfläche ausrollen und mit einem Ausstecher Formen ausstechen. Auf ein gefettetes Backblech (Biskuit) legen und im vorgeheizten Backofen bei 180°C / Gasherd Stufe 4 30 Minuten backen, auf dem Backblech leicht abkühlen und zum vollständigen Auskühlen auf ein Kuchengitter legen.

Zitronenkekse

macht 24

100 g / 4 oz / ½ Tasse Butter oder Margarine

100 g / 4 oz / ½ Tasse Kristallzucker (superfein)

1 Ei, leicht geschlagen

225 g / 8 Unzen / 2 Tassen Mehl (Allzweck)

5 ml / 1 Teelöffel Backpulver

abgeriebene Schale einer ½ Zitrone

5 ml / 1 Teelöffel Zitronensaft

30 ml / 2 Esslöffel Demerara-Zucker

Die Butter oder Margarine und den Puderzucker bei schwacher Hitze unter ständigem Rühren schmelzen, bis die Mischung zu verdicken beginnt. Vom Herd nehmen und Ei, Mehl, Hefe, Zitronenschale und -saft dazugeben und zu einem Teig verkneten. Abdecken und 30 Minuten kühl stellen.

Den Teig zu kleinen Kugeln formen und mit einer Gabel auf ein gefettetes Backblech setzen. Mit Demerara-Zucker bestreuen. Im vorgeheizten Backofen bei 180°C/350°F/Gas Stufe 4 15 Minuten backen.

heiße Momente

macht 16

100 g / 4 oz / ½ Tasse Butter oder Margarine, weich

75 g / 3 Unzen / 1/3 Tasse Kristallzucker (superfein)

1 geschlagenes Ei

150 g / 5 oz / 1¼ Tassen Mehl (Allzweck)

10 ml / 2 TL Backpulver

Ein bisschen Salz

8 Kirschen (kandiert), halbiert

Butter oder Margarine und Zucker schaumig schlagen. Ei nach und nach dazugeben und Mehl, Backpulver und Salz hinzugeben. Vorsichtig kneten, bis ein glatter Teig entsteht. Den Teig zu 16 gleich großen Kugeln formen und diese mit großem Abstand auf ein gefettetes Backblech (Biskuit) legen. Etwas flach drücken und jeweils mit einer halben Kirsche belegen. Im vorgeheizten Backofen bei 180°C/350°F/Gas Stufe 4 15 Minuten backen. 5 Minuten auf dem Backblech abkühlen lassen, dann zum Abkühlen auf ein Kuchengitter legen.

Müsli-Kekse

macht 24

100 g / 4 oz / ½ Tasse Butter oder Margarine

100 g / 4 oz / 1/3 Tasse klarer Honig

75 g / 3 oz / 1/3 Tasse weicher brauner Zucker

100 g / 4 oz / 1 Tasse Allzweckmehl (Vollkorn)

100 g / 4 oz / 1 Tasse Haferflocken

50 g / 2 oz / 1/3 Tasse Rosinen

50 g / 2 oz / 1/3 Tasse Sultaninen (goldene Rosinen)

50 g / 2 oz / 1/3 Tasse entsteinte Datteln, gehackt

50 g / 2 oz / 1/3 Tasse verzehrfertige getrocknete Aprikosen, gehackt

25 g / 1 oz / ¼ Tasse Walnüsse, gehackt

25 g / 1 oz / ¼ Tasse Haselnüsse, gehackt

Butter oder Margarine mit Honig und Zucker schmelzen. Die restlichen Zutaten dazugeben und schlagen, bis ein fester Teig entsteht. Legen Sie die Teelöffel auf ein gefettetes Backblech und drücken Sie sie flach. Die Kekse (Kekse) im auf 180°C/350°F/Gas Stufe 4 vorgeheizten Backofen 20 Minuten goldbraun backen.

Nussplätzchen

macht 24

350 g / 12 oz / 1½ Tasse Butter oder Margarine, weich

350 g / 12 oz / 1½ Tassen Kristallzucker (superfein)

5 ml / 1 Teelöffel Vanilleessenz (Extrakt)

350 g / 12 oz / 3 Tassen Mehl (Allzweck)

5 ml / 1 Teelöffel Backpulver (Backpulver)

100 g / 4 oz / 1 Tasse gehackte gemischte Walnüsse

Butter oder Margarine und Zucker schaumig schlagen. Fügen Sie die restlichen Zutaten hinzu und mischen Sie, bis alles gut vermischt ist. Zu zwei langen Rollen formen, abdecken und für 30 Minuten in den Kühlschrank stellen, bis sie fest sind.

Die Brötchen in Scheiben von 5 mm / ¼ schneiden und auf ein gefettetes Backblech (Biskuit) legen. Backen Sie die Kekse (Kekse) im vorgeheizten Ofen bei 180°C/350°F/Gas Stufe 4 für 10 Minuten, bis sie leicht gebräunt sind.

Knusprige Nussplätzchen

macht 30

100 g / 4 oz / ½ Tasse weicher brauner Zucker

1 geschlagenes Ei

5 ml / 1 Teelöffel Vanilleessenz (Extrakt)

45 ml / 3 Esslöffel Mehl (Allzweck)

100 g / 4 oz / 1 Tasse gehackte gemischte Walnüsse

Den Zucker mit dem Ei und dem Vanillearoma schlagen und das Mehl und die Nüsse hinzufügen. Kleine Löffel auf ein gefettetes und bemehltes Backblech legen und mit einer Gabel leicht flach drücken. Backen Sie die Kekse (Kekse) im vorgeheizten Backofen bei 190°C/375°F/Gas Stufe 5 für 10 Minuten.

Knusprige Zimt-Nuss-Kekse

macht 24

100 g / 4 oz / ½ Tasse Butter oder Margarine, weich

100 g / 4 oz / ½ Tasse Kristallzucker (superfein)

1 Ei, leicht geschlagen

2,5 ml / ½ Teelöffel Vanilleessenz (Extrakt)

175 g / 6 Unzen / 1½ Tassen Mehl (Allzweck)

2,5 ml / ½ Teelöffel gemahlener Zimt

2,5 ml / ½ Teelöffel Natron (Backpulver)

100 g / 4 oz / 1 Tasse gehackte gemischte Walnüsse

Butter oder Margarine und Zucker schaumig schlagen. Fügen Sie nach und nach 60 ml/4 Esslöffel Ei und Vanilleessenz hinzu. Mehl, Zimt, Natron und die Hälfte der Walnüsse hinzugeben. In eine gefettete und ausgekleidete Biskuitrollenform (Jelly Roll Form) drücken. Mit dem restlichen Ei bestreichen und mit den restlichen Walnüssen bestreuen und leicht andrücken. Die Kekse (Kekse) im auf 180°C/350°F/Gas Stufe 4 vorgeheizten Backofen 20 Minuten goldbraun backen. In der Pfanne abkühlen lassen, bevor sie in Riegel geschnitten werden.

Erdbeermousse Torte

Ergibt einen 23 cm / 9 cm großen Kuchen

Für den Kuchen:

100 g / 4 oz / 1 Tasse selbsttreibendes Mehl (mit Hefe)

100 g / 4 oz / ½ Tasse Butter oder Margarine, weich

100 g / 4 oz / ½ Tasse Kristallzucker (superfein)

2 Eier

Für die Mousse:

15 ml / 1 Esslöffel Gelatinepulver

30 ml / 2 Esslöffel Wasser

450 g Erdbeeren

3 Eier, getrennt

75 g / 3 Unzen / 1/3 Tasse Kristallzucker (superfein)

5 ml / 1 Teelöffel Zitronensaft

300 ml / ½ pt / 1¼ Tassen Sahne (schwer)

30 ml / 2 EL Mandelblättchen (gehackt), leicht geröstet

Die Kuchenzutaten glatt schlagen. In eine gefettete und ausgelegte 23 cm/9 Zoll Kuchenform (Backform) gießen und im vorgeheizten Ofen bei 190 °C/375 °F/Gas Stufe 5 25 Minuten lang backen, bis sie goldbraun und fest anfühlt. Aus der Form nehmen und abkühlen lassen.

Für die Mousse Gelatine in einer Schüssel über Wasser streuen und schaumig gehen lassen. Die Schüssel in einen Topf mit heißem Wasser stellen und auflösen lassen. Etwas abkühlen lassen. In der Zwischenzeit 350 g Erdbeeren schlagen und durch ein Sieb passieren, um die Kerne zu entfernen. Eigelb und Zucker schaumig schlagen, bis die Mischung in Streifen vom Schneebesen gleitet. Püree, Zitronensaft und Gelatine hinzugeben. Schlagsahne steif schlagen und dann die Hälfte unter die Masse heben. Mit einem sauberen Schneebesen das Eiweiß steif schlagen und unter die Masse heben.

Den Biskuit waagerecht halbieren und eine Hälfte auf den Boden einer sauberen, mit Frischhaltefolie (Klemmfolie) ausgelegten Kuchenform (Backform) legen. Die restlichen Erdbeeren in Stücke schneiden und auf dem Biskuitboden verteilen, mit der aromatisierten Sahne bedecken und zum Schluss den zweiten Boden des Kuchens darauf legen. Drücken Sie sanft. Kühl stellen, bis es fest ist.

Zum Servieren die Torte auf eine Servierplatte stürzen und die Frischhaltefolie (Plastikfolie) entfernen. Mit der restlichen Sahne dekorieren und mit den Mandeln garnieren.

Julblock

mach ein

3 Eier

100 g / 4 oz / ½ Tasse Kristallzucker (superfein)

100 g / 4 oz / 1 Tasse Mehl (Allzweck)

50 g / 2 oz / ½ Tasse dunkle (halbbittere) Schokolade, gerieben

15 ml / 1 Esslöffel heißes Wasser

Raffinierter (superfeiner) Zucker zum Laminieren

Für die Glasur (Glasur):
175 g / 6 oz / ¾ Tasse Butter oder Margarine, aufgeweicht

350 g / 12 oz / 2 Tassen Puderzucker, gesiebt

30 ml / 2 Esslöffel warmes Wasser

30 ml / 2 EL Kakaopulver (zuckerfreie Schokolade) Zum Dekorieren:

Stechpalmen- und Drosselblätter (optional)

Die Eier mit dem Zucker in einer hitzebeständigen Schüssel aufschlagen, die über einem Topf mit siedendem Wasser steht. Schlagen Sie weiter, bis die Mischung fest ist, und brechen Sie den Rührbesen in Streifen. Vom Herd nehmen und schlagen, bis es abgekühlt ist. Das Mehl halbieren, dann die Schokolade, das restliche Mehl und das Wasser hinzufügen. In eine gefettete und mit Backpapier ausgelegte Biskuitrolle (Gelatineform) geben und im vorgeheizten Ofen bei 220 °C/425 °F/Gasstufe 7 etwa 10 Minuten lang backen, bis sie sich fest anfühlt. Bestreuen Sie ein großes Blatt Pergamentpapier (Fett) mit Kristallzucker. Drehen Sie den Kuchen um und legen Sie ihn auf das Papier und schneiden

Sie die Ränder ab. Mit einem weiteren Blatt Papier abdecken und die kurze Seite leicht aufrollen.

Für den Belag die Butter oder Margarine mit dem Puderzucker schaumig schlagen und das Wasser und den Kakao hinzugeben. Den abgekühlten Kuchen ausrollen, das Papier entfernen und die Hälfte der Glasur auf dem Kuchen verteilen. Wieder aufrollen und mit dem restlichen Zuckerguss bedecken, mit einer Gabel einritzen, damit es wie ein Holzscheit aussieht. Etwas Puderzucker darübersieben und nach Belieben dekorieren.

Hoodie-Kuchen zu Ostern

Ergibt einen 20 cm / 8 cm großen Kuchen

75 g / 3 oz / 1/3 Tasse Muscovado-Zucker

3 Eier

75 g / 3 Unzen / ¾ Tasse selbsttreibendes Mehl (mit Hefe)

15 ml / 1 Esslöffel Kakaopulver (ungesüßte Schokolade).

15 ml / 1 Esslöffel warmes Wasser

Für die Füllung:
50 g / 2 oz / ¼ Tasse Butter oder Margarine, aufgeweicht

75 g / 3 oz / ½ Tasse Puderzucker (Puderzucker), gesiebt

Zum Dach:
100 g / 4 oz / 1 Tasse Zartbitterschokolade (halbsüß)

25 g / 1 oz / 2 Esslöffel Butter oder Margarine

Zuckerband oder Blumen (optional)

Zucker und Eier in einer hitzebeständigen Schüssel über einem Topf mit siedendem Wasser schaumig schlagen. Weiter schlagen, bis die Mischung dick und cremig ist. Einige Minuten stehen lassen, vom Herd nehmen und erneut schlagen, bis die Mischung eine Spur hinterlässt, wenn der Schneebesen entfernt wird. Mehl und Kakao zugeben und das Wasser zugeben. Gießen Sie die Mischung in eine gefettete und ausgelegte 20 cm / 8-Form in einer Kuchenform (Backform) und eine gefettete und ausgelegte 15 cm / 6-Form in einer Kuchenform. Im vorgeheizten Backofen bei 200°C/400°F/Gas Stufe 6 15-20 Minuten backen, bis sie gut aufgegangen sind und sich fest anfühlen. Auf einem Kuchengitter abkühlen lassen.

Für die Füllung Margarine mit Puderzucker schaumig schlagen. Verwenden Sie, um den kleineren Kuchen auf den größeren zu legen.

Für die Glasur Schokolade und Butter oder Margarine in einer hitzebeständigen Schüssel über einem Topf mit siedendem Wasser schmelzen. Die Glasur auf dem Kuchen verteilen und mit einem in heißes Wasser getauchten Messer so verteilen, dass er vollständig bedeckt ist. Verzieren Sie die Klappe mit einem Band oder Zuckerblumen.

Ostern-Simnel-Kuchen

Ergibt einen 20 cm / 8 cm großen Kuchen

225 g / 8 oz / 1 Tasse Butter oder Margarine, aufgeweicht

225 g / 8 oz / 1 Tasse weicher brauner Zucker

abgeriebene Schale von 1 Zitrone

4 geschlagene Eier

225 g / 8 Unzen / 2 Tassen Mehl (Allzweck)

5 ml / 1 Teelöffel Backpulver

2,5 ml / ½ Teelöffel geriebene Muskatnuss

50 g / 2 oz / ½ Tasse Maismehl (Maismehl)

100 g / 4 oz / 2/3 Tasse Sultaninen (goldene Rosinen)

100 g / 4 oz / 2/3 Tasse Rosinen

75 g / 3 oz / ½ Tasse schwarze Johannisbeere

100 g / 4 oz / ½ Tasse kandierte Kirschen (kandiert), gehackt

25 g / 1 oz / ¼ Tasse gemahlene Mandeln

450 g / 1 lb Mandelpaste

30 ml / 2 EL Aprikosenmarmelade (aus der Dose)

1 geschlagenes Eiweiß

Butter oder Margarine, Zucker und Zitronenschale schaumig schlagen. Die Eier nach und nach aufschlagen, dann Mehl, Backpulver, Muskatnuss und Speisestärke hinzufügen. Obst und Mandeln zugeben. Die Hälfte der Masse in eine gefettete und mit Backpapier ausgelegte Kuchenform mit einer Tiefe von 20 cm / 8 gießen. Die Hälfte des Mandelmuss zu einem Kreis in der Größe der Torte ausrollen und auf die Masse legen. Mit der restlichen Masse füllen und im vorgeheizten Backofen bei 160°C / Gasherd Stufe 3 für 2–2½ Stunden goldbraun backen. In der Form abkühlen lassen. Nach dem Abkühlen aus der Form lösen und in Pergamentpapier (gewachst) wickeln. In einem luftdichten Behälter nach Möglichkeit bis zu drei Wochen lang reifen lassen.

Zum Schluss die Torte mit Marmelade bestreichen. Drei Viertel der restlichen Mandelpaste zu einem Kreis von 20 cm Durchmesser ausrollen, die Ränder abschneiden und auf den Kuchen legen. Rollen Sie die restliche Mandelpaste in 11 Kugeln (um die Jünger ohne Judas darzustellen). Die Oberseite des Kuchens mit geschlagenem Eiweiß bestreichen und die Kugeln um den Rand des Kuchens legen und mit Eiweiß bestreichen. Etwa eine Minute lang unter einen heißen Grill (Grill) stellen, um leicht zu bräunen.

12. Nachtkuchen

Ergibt einen 20 cm / 8 cm großen Kuchen

225 g / 8 oz / 1 Tasse Butter oder Margarine, aufgeweicht

225 g / 8 oz / 1 Tasse weicher brauner Zucker

4 geschlagene Eier

225 g / 8 Unzen / 2 Tassen Mehl (Allzweck)

5 ml / 1 TL gemahlene Gewürze (Apfelkuchen)

175 g / 6 oz / 1 Tasse Sultaninen (goldene Rosinen)

100 g / 4 oz / 2/3 Tasse Rosinen

75 g / 3 oz / ½ Tasse schwarze Johannisbeere

50 g / 2 oz / ¼ Tasse glasierte Kirschen (kandiert)

50 g / 2 oz / 1/3 Tasse gehackte gemischte Schale (kandiert)

30 ml / 2 Esslöffel Milch

12 Kerzen zum Dekorieren

Butter oder Margarine und Zucker schaumig schlagen. Die Eier nach und nach unterschlagen, dann das Mehl, die gemischten Gewürze, das Obst und die Kruste hinzufügen und glatt rühren, gegebenenfalls etwas Milch hinzufügen, um eine glatte Mischung zu erhalten. In eine eingefettete 20 cm/8 Pfanne geben, die mit einem Löffel ausgelegt und eingefettet ist, und im vorgeheizten Ofen bei 180 °C/350 °F/Gas Stufe 4 2 Stunden lang backen, bis ein in die Mitte gesteckter Zahnstocher sauber herauskommt. Ausgehen

Apfelkuchen aus der mikrowelle

Ergibt ein Quadrat von 23 cm / 9

100 g / 4 oz / ½ Tasse Butter oder Margarine, weich

100 g / 4 oz / ½ Tasse weicher brauner Zucker

30 ml / 2 EL goldener Sirup (heller Mais)

2 Eier, leicht geschlagen

225 g / 8 Unzen / 2 Tassen selbsttreibendes Mehl (mit Hefe)

10 ml / 2 TL gemahlene Gewürze (Apfelkuchen)

120 ml / 4 fl oz / ½ Tasse Milch

2 Kochäpfel (Törtchen), geschält, entkernt und in dünne Scheiben geschnitten

15 ml / 1 EL Kristallzucker (superfein)

5 ml / 1 Teelöffel Zimtpulver

Butter oder Margarine, braunen Zucker und Sirup schaumig schlagen. Die Eier langsam hinzufügen. Fügen Sie das Mehl und die gemischten Gewürze hinzu, dann fügen Sie die Milch hinzu, bis Sie eine glatte Konsistenz erhalten. Sammle die Äpfel. In eine eingefettete und ausgekleidete Mikrowellen-Ringform mit 23 cm / 9 cm Boden (Röhrenform) gießen und bei mittlerer Hitze 12 Minuten lang in der Mikrowelle erhitzen, bis sie fest ist. 5 Minuten stehen lassen, dann wenden und mit Kristallzucker und Zimt bestreuen.

Apfelmuskuchen aus der mikrowelle

Ergibt einen 20 cm / 8 cm großen Kuchen

100 g / 4 oz / ½ Tasse Butter oder Margarine, weich

175 g / 6 oz / ¾ Tasse weicher brauner Zucker

1 Ei, leicht geschlagen

175 g / 6 Unzen / 1½ Tassen Mehl (Allzweck)

2,5 ml / ½ Teelöffel Backpulver

Ein bisschen Salz

2,5 ml / ½ Teelöffel gemahlener Piment

1,5 ml / ¼ Teelöffel geriebene Muskatnuss

1,5 ml / ¼ Teelöffel gemahlene Nelken

300 ml / ½ pt / 1¼ Tassen ungesüßtes Apfelmus (Sauce)

75 g / 3 Unzen / ½ Tasse Rosinen

Puderzucker zum Bestreuen

Butter oder Margarine und braunen Zucker schaumig schlagen. Ei nach und nach dazugeben und Mehl, Backpulver, Salz und Gewürze abwechselnd mit Apfelmus und Rosinen hinzugeben. Auf einen gefetteten und bemehlten 20 cm/8 Messlöffel auf einem quadratischen Mikrowellenblech geben und 12 Minuten lang auf höchster Stufe in der Mikrowelle erhitzen. Auf dem Teller auskühlen lassen, in Quadrate schneiden und mit Puderzucker bestreuen.

Apfel- und Walnusskuchen aus der Mikrowelle

Ergibt einen 20 cm / 8 cm großen Kuchen

175 g / 6 oz / ¾ Tasse Butter oder Margarine, aufgeweicht

100 g / 4 oz / ½ Tasse Kristallzucker (superfein)

3 Eier, leicht geschlagen

30 ml / 2 EL goldener Sirup (heller Mais)

Abgeriebene Schale und Saft von 1 Zitrone

175 g / 6 oz / 1½ Tassen selbstaufgehendes Mehl

50 g / 2 oz / ½ Tasse Walnüsse, gehackt

1 EL (Dessert-)Apfel, geschält, entsteint und gewürfelt

100 g / 4 oz / 2/3 Tasse Puderzucker (Konditoren)

30 ml / 2 Esslöffel Zitronensaft

15 ml / 1 Esslöffel Wasser

Walnusshälften zum Dekorieren

Butter oder Margarine und Kristallzucker schaumig schlagen. Fügen Sie nach und nach die Eier hinzu, dann den Sirup, die Zitronenschale und den Saft. Mehl, gehackte Walnüsse und Apfel hinzufügen. In eine gefettete 20 cm/8 Mikrowellenform gießen und 4 Minuten lang auf höchster Stufe erhitzen. Aus dem Ofen nehmen und mit Alufolie abdecken. Abkühlen lassen. Den Puderzucker mit dem Zitronensaft und reichlich Wasser zu einer glatten Glasur verrühren. Auf dem Kuchen verteilen und mit Walnusshälften dekorieren.

Karottenkuchen aus der Mikrowelle

Ergibt einen 18 cm / 7 cm großen Kuchen

100 g / 4 oz / ½ Tasse Butter oder Margarine, weich

100 g / 4 oz / ½ Tasse weicher brauner Zucker

2 geschlagene Eier

Geriebene Schale und Saft von 1 Orange

2,5 ml / ½ Teelöffel gemahlener Zimt

Eine Prise geriebene Muskatnuss

100 g Karotten, gerieben

100 g / 4 oz / 1 Tasse selbsttreibendes Mehl (mit Hefe)

25 g / 1 oz / ¼ Tasse gemahlene Mandeln

25 g / 1 oz / 2 Esslöffel Kristallzucker (superfein)

Zum Dach:

100 g / 4 oz / ½ Tasse Frischkäse

50 g / 2 oz / 1/3 Tasse Puderzucker, gesiebt

30 ml / 2 Esslöffel Zitronensaft

Butter und Zucker schaumig schlagen. Fügen Sie nach und nach die Eier hinzu, dann den Orangensaft und die Schale, die Gewürze und die Karotten. Mehl, Mandeln und Zucker zugeben. In eine gefettete und ausgelegte 18 cm/7 Kuchenform gießen und mit Frischhaltefolie (Klippfolie) abdecken. 8 Minuten auf hoher Stufe in der Mikrowelle erhitzen, bis ein Spieß, der in die Mitte gesteckt wird, sauber herauskommt. Entfernen Sie die Plastikfolie und lassen Sie sie 8 Minuten ruhen, bevor Sie sie zum Abkühlen auf ein Kuchengitter legen. Die Zutaten für das Frosting miteinander verquirlen und auf dem abgekühlten Kuchen verteilen.

Karotten-, Ananas- und Walnusskuchen aus der Mikrowelle

Ergibt einen 20 cm / 8 cm großen Kuchen

225 g / 8 Unzen / 1 Tasse Kristallzucker (superfein)

2 Eier

120 ml / 4 fl oz / ½ Tasse Öl

1,5 ml / ¼ Teelöffel Salz

5 ml / 1 Teelöffel Backpulver (Backpulver)

100 g / 4 oz / 1 Tasse selbsttreibendes Mehl (mit Hefe)

5 ml / 1 Teelöffel Zimtpulver

175 g Karotten, gerieben

75 g / 3 oz / ¾ Tasse Walnüsse, gehackt

225 g zerkleinerte Ananas mit Saft

Für die Glasur (Glasur):

15 g / ½ oz / 1 Esslöffel Butter oder Margarine

50 g / 2 oz / ¼ Tasse Frischkäse

10 ml / 2 Teelöffel Zitronensaft

Puderzucker, gesiebt

Eine große Ringform (Röhrenform) mit Backpapier auslegen. Zucker, Eier und Öl schaumig schlagen. Mischen Sie die trockenen Zutaten vorsichtig, bis sie gut vermischt sind. Die restlichen Kuchenzutaten hinzufügen. Gießen Sie die Mischung in die vorbereitete Pfanne, legen Sie sie mit der Vorderseite nach oben auf einen Rost oder Teller und erhitzen Sie sie 13 Minuten lang oder bis sie fest ist. 5 Minuten ruhen lassen und dann zum Abkühlen in den Ofen stellen.

In der Zwischenzeit das Topping zubereiten. Butter oder Margarine, Frischkäse und Zitronensaft in eine Schüssel geben und 30-40 Sekunden in die Mikrowelle stellen. Nach und nach so viel Puderzucker hinzugeben, dass eine dicke Konsistenz entsteht und cremig schlagen. Wenn der Kuchen abgekühlt ist, verteilen Sie ihn auf der Glasur.

Gewürzte Kleiekuchen aus der Mikrowelle

macht 15

75 g / 3 oz / ¾ Tasse Alle Kleiekörner

250 ml / 8 fl oz / 1 Tasse Milch

175 g / 6 Unzen / 1½ Tassen Mehl (Allzweck)

75 g / 3 Unzen / 1/3 Tasse Kristallzucker (superfein)

10 ml / 2 TL Backpulver

10 ml / 2 TL gemahlene Gewürze (Apfelkuchen)

Ein bisschen Salz

60 ml / 4 Esslöffel goldener Sirup (heller Mais)

45 ml / 3 Esslöffel Öl

1 Ei, leicht geschlagen

75 g / 3 Unzen / ½ Tasse Rosinen

15 ml / 1 Esslöffel geriebene Orangenschale

Das Müsli 10 Minuten in der Milch einweichen. Mehl, Zucker, Hefe, Gewürze und Salz mischen und unter das Müsli mischen. Sirup, Öl, Ei, Rosinen und Orangenschale hinzufügen. In Pappförmchen (Muffinpapier) füllen und jeweils fünf Kuchen auf höchster Stufe 4 Minuten lang in der Mikrowelle erhitzen. Wiederholen Sie für die anderen Kuchen.

Mikrowellen-Bananen-Maracuja-Kuchen

Ergibt einen 23 cm / 9 cm großen Kuchen

100 g / 4 oz / ½ Tasse geschmolzene Butter oder Margarine

175 g / 6 oz / 1½ Tasse Lebkuchenbrösel (Keks)

250 g / 9 oz / 1 Tasse großzügiger Frischkäse

175 ml / 6 fl oz / ¾ Tasse saure Sahne (Milchsäure)

2 Eier, leicht geschlagen

100 g / 4 oz / ½ Tasse Kristallzucker (superfein)

Abgeriebene Schale und Saft von 1 Zitrone

150 ml / ¼ pt / 2/3 Tasse frische Sahne

1 Banane, in Scheiben geschnitten

1 Maracuja gehackt

Butter oder Margarine und Kekskrümel mischen und in der Mikrowelle auf den Boden und die Seiten einer 23 cm (9 Zoll) Tortenform drücken. Mikrowelle auf hoher Stufe für 1 Minute. Abkühlen lassen.

> Frischkäse und Schlagsahne glatt schlagen, dann Ei, Zucker, Zitronensaft und -schale hinzufügen. Auf dem Boden verteilen und gleichmäßig verteilen. 8 Minuten auf mittlerer Stufe garen. Abkühlen lassen.

Schlagsahne steif schlagen und über die Form verteilen. Mit Bananenscheiben belegen und mit dem Passionsfruchtmark belegen.

Orangenkäsekuchen aus der Mikrowelle

Ergibt einen 20 cm / 8 cm großen Kuchen

50 g / 2 oz / ¼ Tasse Butter oder Margarine

12 Digestive Kekse (Graham Cracker), zerkleinert

100 g / 4 oz / ½ Tasse Kristallzucker (superfein)

225 g / 8 oz / 1 Tasse Frischkäse

2 Eier

30 ml / 2 Esslöffel Orangensaftkonzentrat

15 ml / 1 Esslöffel Zitronensaft

150 ml / ¼ pt / 2/3 Tasse saure Sahne (Milchsäure)

Ein bisschen Salz

1 Orange

30 ml / 2 EL Aprikosenmarmelade (aus der Dose)

150 ml / ¼ pt / 2/3 Tasse Sahne (schwer)

Butter oder Margarine in einer 20 cm/8" Puddingform bei hoher Leistung 1 Minute lang schmelzen. Die Kekskrümel und 25 g / 1 oz / 2 Esslöffel Zucker hinzufügen und auf den Boden und die Seiten des Tellers drücken. Den Käse damit schlagen den restlichen Zucker und die Eier, dann den Orangen- und Zitronensaft, die Sahne und das Salz hinzufügen. In die Form (Schüssel) geben und 2 Minuten auf höchster Stufe in der Mikrowelle erhitzen. 2 Minuten stehen lassen und weitere 2 Minuten auf hoher Stufe in der Mikrowelle erhitzen. 1 Minute stehen lassen, dann 1 Minute auf hoher Stufe in die Mikrowelle stellen. Abkühlen lassen.

Die Orange schälen und die Membransegmente mit einem scharfen Messer entfernen. Die Marmelade schmelzen und den Käsekuchen damit bestreichen. Die Schlagsahne mit einer Tube um den Rand des Cheesecakes schlagen und mit den Orangenfilets dekorieren.

Ananas-Käsekuchen aus der Mikrowelle

Ergibt einen 23 cm / 9 cm großen Kuchen

100 g / 4 oz / ½ Tasse geschmolzene Butter oder Margarine

175 g / 6 oz / 1½ Tassen Digestive Cracker Crumbs (Graham Cracker)

250 g / 9 oz / 1 Tasse großzügiger Frischkäse

2 Eier, leicht geschlagen

5 ml / 1 Teelöffel abgeriebene Zitronenschale

30 ml / 2 Esslöffel Zitronensaft

75 g / 3 Unzen / 1/3 Tasse Kristallzucker (superfein)

400 g / 14 oz / 1 große Dose Ananas, abgetropft und zerkleinert

150 ml / ¼ pt / 2/3 Tasse Sahne (schwer)

Butter oder Margarine und Kekskrümel mischen und in der Mikrowelle auf den Boden und die Seiten einer 23 cm (9 Zoll) Tortenform drücken. Mikrowelle auf hoher Stufe für 1 Minute. Abkühlen lassen.

> Frischkäse, Eier, Zitronenschale, Saft und Zucker glatt rühren. Die Ananas dazugeben und auf den Boden legen. Mikrowelle auf Medium für 6 Minuten bis fest. Abkühlen lassen.

Die geschlagene Sahne steif schlagen und dann über den Käsekuchen gießen.

Kirsch- und Walnuss-Mikrowellenbrot

Ergibt ein 900-g-Laib

175 g / 6 oz / ¾ Tasse Butter oder Margarine, aufgeweicht

175 g / 6 oz / ¾ Tasse weicher brauner Zucker

3 geschlagene Eier

225 g / 8 Unzen / 2 Tassen Mehl (Allzweck)

10 ml / 2 TL Backpulver

Ein bisschen Salz

45 ml / 3 Esslöffel Milch

75 g / 3 oz / 1/3 Tasse kandierte Kirschen (kandiert)

75 g / 3 oz / ¾ Tasse gehackte gemischte Walnüsse

25 g / 1 oz / 3 Esslöffel Puderzucker, gesiebt

Butter oder Margarine und braunen Zucker schaumig schlagen. Die Eier nach und nach schlagen, dann Mehl, Backpulver und Salz hinzufügen. Fügen Sie genügend Milch hinzu, um eine glatte Konsistenz zu erhalten, und fügen Sie dann die Kirschen und Walnüsse hinzu. In eine gefettete und mit Pergament ausgelegte 900-g-Backform gießen und mit dem Zucker bestreuen. Mikrowelle auf hoher Stufe für 7 Minuten. 5 Minuten ruhen lassen und dann zum Abkühlen auf ein Kuchengitter legen.

Schokoladenkuchen aus der mikrowelle

Ergibt einen 18 cm / 7 cm großen Kuchen

225 g / 8 oz / 1 Tasse Butter oder Margarine, aufgeweicht

175 g / 6 oz / ¾ Tasse Kristallzucker (superfein)

150 g / 5 oz / 1¼ Tassen selbsttreibendes Mehl (mit Hefe)

50 g / 2 oz / ¼ Tasse Kakaopulver (zuckerfreie Schokolade).

5 ml / 1 Teelöffel Backpulver

3 geschlagene Eier

45 ml / 3 Esslöffel Milch

Alle Zutaten mischen und in eine gefettete und ausgekleidete 18 cm / 7 cm mikrowellengeeignete Schüssel geben. 9 Minuten auf hoher Stufe in der Mikrowelle erhitzen, bis sie sich fest anfühlt. 5 Minuten in der Pfanne abkühlen lassen und zum Abkühlen auf ein Kuchengitter legen.

Schokoladen-Mandel-Kuchen aus der Mikrowelle

Ergibt einen 20 cm / 8 cm großen Kuchen

Für den Kuchen:
100 g / 4 oz / ½ Tasse Butter oder Margarine, weich

100 g / 4 oz / ½ Tasse Kristallzucker (superfein)

2 Eier, leicht geschlagen

100 g / 4 oz / 1 Tasse selbsttreibendes Mehl (mit Hefe)

50 g / 2 oz / ½ Tasse Kakaopulver (ungesüßte Schokolade)

50 g / 2 oz / ½ Tasse gemahlene Mandeln

150 ml / ¼ pt / 2/3 Tasse Milch

60 ml / 4 Esslöffel goldener Sirup (heller Mais)

Für die Glasur (Glasur):
100 g / 4 oz / 1 Tasse Zartbitterschokolade (halbsüß)

25 g / 1 oz / 2 Esslöffel Butter oder Margarine

8 ganze Mandeln

Für den Kuchen Butter oder Margarine und Zucker schaumig schlagen. Die Eier nach und nach schlagen, dann das Mehl und den Kakao hinzufügen, gefolgt von den gemahlenen Mandeln. Milch und Sirup hinzugeben und schlagen, bis eine leichte und lockere Creme entsteht. In eine 20 cm/8 Mikrowellenschüssel geben, mit Frischhaltefolie (Klippfolie) auslegen und 4 Minuten lang auf hoher Stufe in der Mikrowelle erhitzen. Aus dem Ofen nehmen, mit Folie abdecken und etwas abkühlen lassen, dann zum Abkühlen in den Ofen stellen.

Für die Glasur Schokolade und Butter oder Margarine auf höchster Stufe 2 Minuten schmelzen. Gut schlagen. Tauchen Sie die Mandeln zur Hälfte in die Schokolade und lassen Sie sie auf einem Stück Backpapier (gewachst) ruhen. Das restliche Frosting über den Kuchen gießen und oben und an den Seiten verteilen. Mit den Mandeln garnieren und fest werden lassen.

Double Chocolate Brownies für Mikrowellenherde

macht 8

150 g / 5 oz / 1¼ Tassen dunkle (halbsüße) Schokolade, grob gehackt

75 g / 3 oz / 1/3 Tasse Butter oder Margarine

175 g / 6 oz / ¾ Tasse weicher brauner Zucker

2 Eier, leicht geschlagen

150 g / 5 oz / 1¼ Tassen Mehl (Allzweck)

2,5 ml / ½ Teelöffel Backpulver

2,5 ml / ½ Teelöffel Vanilleessenz (Extrakt)

30 ml / 2 Esslöffel Milch

50 g / 2 oz / ½ Tasse Schokolade mit der Butter oder Margarine auf höchster Stufe 2 Minuten schmelzen. Zucker und Eier hinzufügen, Mehl, Backpulver, Vanilleessenz und Milch hinzufügen, bis eine glatte Masse entsteht. In eine eingefettete 20 cm/8 Schüssel auf einem quadratischen Mikrowellenblech geben und 7 Minuten lang auf höchster Stufe in der Mikrowelle erhitzen. 10 Minuten auf dem Blech abkühlen lassen. Restliche Schokolade 1 Minute auf höchster Stufe schmelzen, auf dem Kuchen verteilen und abkühlen lassen. In Quadrate schneiden.

Mikrowellengeeignete Schokoriegel

macht 8

50 g / 2 oz / 1/3 Tasse entsteinte Datteln, gehackt

60 ml / 4 Esslöffel kochendes Wasser

65 g / 2½ oz / 1/3 Tasse Butter oder Margarine, weich

225 g / 8 Unzen / 1 Tasse Kristallzucker (superfein)

1 Ei

100 g / 4 oz / 1 Tasse Mehl (Allzweck)

10 ml / 2 TL Kakaopulver (ungesüßte Schokolade).

2,5 ml / ½ Teelöffel Backpulver

Ein bisschen Salz

25 g / 1 oz / ¼ Tasse gehackte gemischte Walnüsse

100 g / 4 oz / 1 Tasse dunkle (halbsüße) Schokolade, fein gehackt

Mischen Sie die Datteln mit dem kochenden Wasser und lassen Sie es ruhen, bis es abgekühlt ist. Butter oder Margarine mit der Hälfte des Zuckers schaumig schlagen. Ei nach und nach zugeben, dann Mehl, Kakao, Backpulver, Salz und Dattelmasse abwechselnd unterheben. In eine gefettete und bemehlte 20 cm / 8 Mikrowellenschüssel geben, den restlichen Zucker mit den Walnüssen und der Schokolade mischen, darüber streuen und leicht andrücken. Mikrowelle auf hoher Stufe für 8 Minuten. Auf dem Blech abkühlen lassen, bevor sie in Quadrate geschnitten werden.

Schokoladenwürfel in der Mikrowelle

macht 16

Für den Kuchen:

50 g / 2 oz / ¼ Tasse Butter oder Margarine

5 ml / 1 TL Streuzucker (superfein)

75 g / 3 Unzen / ¾ Tasse Mehl (Allzweck)

1 Eigelb

15 ml / 1 Esslöffel Wasser

175 g / 6 oz / 1½ Tassen dunkle (halbsüße) Schokolade, gerieben oder gehackt

Zum Dach:

50 g / 2 oz / ¼ Tasse Butter oder Margarine

50 g / 2 oz / ¼ Tasse Kristallzucker (superfein)

1 Ei

2,5 ml / ½ Teelöffel Vanilleessenz (Extrakt)

100 g / 4 oz / 1 Tasse Walnüsse, gehackt

Machen Sie den Kuchen, indem Sie die Butter oder Margarine weich machen und Zucker, Mehl, Eigelb und Wasser hinzufügen. Verteilen Sie die Mischung gleichmäßig auf einem 20 cm/8 quadratischen Mikrowellengeschirr und erhitzen Sie sie 2 Minuten lang auf hoher Stufe. Die Schokolade darüber streuen und für 1 Minute auf höchster Stufe in die Mikrowelle geben. Gleichmäßig auf dem Boden verteilen und fest werden lassen.

Für die Glasur die Butter oder Margarine 30 Sekunden lang auf hoher Stufe in der Mikrowelle erhitzen. Die anderen Zutaten für das Topping dazugeben und über die Schokolade verteilen. Mikrowelle auf hoher Stufe für 5 Minuten. Abkühlen lassen und in Quadrate schneiden.

Schneller Mikrowellen-Kaffeekuchen

Macht 19 cm / 7 auf dem Kuchen

Für den Kuchen:
225 g / 8 oz / 1 Tasse Butter oder Margarine, aufgeweicht

225 g / 8 Unzen / 1 Tasse Kristallzucker (superfein)

225 g / 8 Unzen / 2 Tassen selbsttreibendes Mehl (mit Hefe)

5 Eier

45 ml / 3 Esslöffel Kaffeeessenz (Extrakt)

Für die Glasur (Glasur):
30 ml / 2 Esslöffel Kaffeeessenz (Extrakt)

175 g / 6 oz / ¾ Tasse Butter oder Margarine

Puderzucker, gesiebt

Walnusshälften zum Dekorieren

Alle Zutaten für den Kuchen miteinander vermischen, bis alles gut vermischt ist. In der Mikrowelle auf zwei Kuchenformen mit 19 cm/7 Zoll aufteilen und jeweils 5-6 Minuten auf hoher Stufe garen. Aus der Mikrowelle nehmen und abkühlen lassen.

Zutaten für den Belag mischen, mit Puderzucker abschmecken. Nach dem Abkühlen die Kuchen mit der Hälfte der Glasur bedecken und den Rest darüber verteilen. Mit Walnusshälften dekorieren.

Weihnachtskuchen aus der mikrowelle

Ergibt einen 23 cm / 9 cm großen Kuchen

150 g / 5 oz / 2/3 Tasse Butter oder Margarine, aufgeweicht

150 g / 5 oz / 2/3 Tasse weicher brauner Zucker

3 Eier

30 ml / 2 Esslöffel Blackstrap-Melasse (Melasse)

225 g / 8 Unzen / 2 Tassen selbsttreibendes Mehl (mit Hefe)

10 ml / 2 TL gemahlene Gewürze (Apfelkuchen)

2,5 ml / ½ Teelöffel geriebene Muskatnuss

2,5 ml / ½ Teelöffel Natron (Backpulver)

450 g / 1 lb / 22/3 Tassen gemischte Trockenfrüchte (Obstkuchenmischung)

50 g / 2 oz / ¼ Tasse glasierte Kirschen (kandiert)

50 g / 2 oz / 1/3 Tasse gehackte gemischte Schale

50 g / 2 oz / ½ Tasse gehackte gemischte Walnüsse

30 ml / 2 Esslöffel Weinbrand

Zusätzlicher Brandy, um den Kuchen zu reifen (optional)

Butter oder Margarine und Zucker schaumig schlagen. Eier und Melasse nach und nach unterschlagen, dann Mehl, Gewürze und Natron hinzufügen. Obst, Schalen und Nüsse vorsichtig mischen, dann den Cognac hinzufügen. Auf einen mikrowellenfesten Teller in einen 23 cm/9 Messlöffel mit Bodenrand geben und 45–60 Minuten in der Mikrowelle erhitzen. Lassen Sie es 15 Minuten in der Pfanne abkühlen, bevor Sie es zum Abkühlen auf ein Gitter legen.

Wenn der Kuchen abgekühlt ist, wickeln Sie ihn in Alufolie und lagern Sie ihn 2 Wochen lang an einem kühlen, dunklen Ort. Falls gewünscht, die Oberseite des Kuchens mehrmals mit einem dünnen Spieß durchstechen und mit etwas zusätzlichem Brandy beträufeln, dann wieder einpacken und aufbewahren. Sie können dies mehrmals tun, um einen reichhaltigeren Kuchen zu machen.

Streuselkuchen aus der Mikrowelle

Ergibt einen 20 cm / 8 cm großen Kuchen

300 g / 10 Unzen / 1¼ Tassen Kristallzucker (superfein)

225 g / 8 Unzen / 2 Tassen Mehl (Allzweck)

10 ml / 2 TL Backpulver

5 ml / 1 Teelöffel Zimtpulver

100 g / 4 oz / ½ Tasse Butter oder Margarine, weich

2 Eier, leicht geschlagen

100 ml / 3½ fl oz / 6½ Esslöffel Milch

Zucker, Mehl, Hefe und Zimt mischen. Fügen Sie die Butter oder Margarine hinzu und bewahren Sie ein Viertel der Mischung auf. Eier und Milch mischen und den größten Teil der Kuchenmischung unterschlagen. Die Mischung in eine gefettete und bemehlte Mikrowellenform von 20 cm / 8 geben und mit der beiseitegelegten Bröselmischung bestreuen. 10 Minuten auf hoher Stufe in die Mikrowelle stellen. Auf dem Blech auskühlen lassen.

Mikrowellen-Dattelriegel

macht 12

150 g / 5 oz / 1¼ Tassen selbstaufgehendes Mehl

175 g / 6 oz / ¾ Tasse Kristallzucker (superfein)

100 g / 4 oz / 1 Tasse Kokosraspeln (gerieben)

100 g / 4 oz / 2/3 Tassen entsteinte Datteln (entkernt), gehackt

50 g / 2 oz / ½ Tasse gehackte gemischte Walnüsse

100 g / 4 oz / ½ Tasse geschmolzene Butter oder Margarine

1 Ei, leicht geschlagen

Puderzucker zum Bestreuen

Mischen Sie die trockenen Zutaten. Die Butter oder Margarine und das Ei dazugeben und zu einem festen Teig verrühren. Drücken Sie auf den Boden einer 20 cm / 8 quadratischen Mikrowellenschale und erhitzen Sie sie auf mittlerer Stufe für 8 Minuten, bis sie fest ist. 10 Minuten auf dem Teller ruhen lassen, in Streifen schneiden und auf einem Kuchengitter abkühlen lassen.

Feigenbrot aus der mikrowelle

Ergibt ein Brot von 675 g / 1½ lb

100 g / 4 Unzen / 2 Tassen Kleie

50 g / 2 oz / ¼ Tasse weicher brauner Zucker

45 ml / 3 Esslöffel klarer Honig

100 g / 4 oz / 2/3 Tasse getrocknete Feigen, gehackt

50 g Haselnüsse, gehackt

300 ml / ½ pt / 1¼ Tassen Milch

100 g / 4 oz / 1 Tasse Allzweckmehl (Vollkorn)

10 ml / 2 TL Backpulver

Ein bisschen Salz

Mischen Sie alle Zutaten, bis Sie einen festen Teig erhalten. Zu einer mikrowellengeeigneten Brotschale formen und die Oberfläche ebnen. 7 Minuten auf hoher Stufe garen. 10 Minuten in der Form abkühlen lassen und dann zum Abkühlen in den Ofen stellen.

Mikrowellen-Flapjacks

macht 24

175 g / 6 oz / ¾ Tasse Butter oder Margarine, aufgeweicht

50 g / 2 oz / ¼ Tasse Kristallzucker (superfein)

50 g / 2 oz / ¼ Tasse weicher brauner Zucker

90 ml / 6 EL goldener Sirup (heller Mais)

Ein bisschen Salz

275 g / 10 oz / 2½ Tassen Haferflocken

Butter oder Margarine und Zucker in einer großen Schüssel mischen und bei starker Hitze 1 Minute kochen. Die restlichen Zutaten hinzufügen und gut vermischen. Die Mischung in eine gefettete 18 cm/7 Mikrowellenform geben und leicht andrücken. 5 Minuten auf hoher Stufe garen. Etwas abkühlen lassen und in Quadrate schneiden.

Mikrowellen-Obstkuchen

Ergibt einen 18 cm / 7 cm großen Kuchen

175 g / 6 oz / ¾ Tasse Butter oder Margarine, aufgeweicht

175 g / 6 oz / ¾ Tasse Kristallzucker (superfein)

abgeriebene Schale von 1 Zitrone

3 geschlagene Eier

225 g / 8 Unzen / 2 Tassen Mehl (Allzweck)

5 ml / 1 TL gemahlene Gewürze (Apfelkuchen)

225 g / 8 Unzen / 11/3 Tassen Rosinen

225 g / 8 Unzen / 11/3 Tassen Sultaninen (goldene Rosinen)

50 g / 2 oz / ¼ Tasse glasierte Kirschen (kandiert)

50 g / 2 oz / ½ Tasse gehackte gemischte Walnüsse

15 ml / 1 Esslöffel goldener Sirup (heller Mais)

45 ml / 3 Esslöffel Weinbrand

Butter oder Margarine und Zucker schaumig schlagen. Fügen Sie die Zitronenschale hinzu und schlagen Sie nach und nach die Eier. Das Mehl und die gemischten Kräuter hinzufügen und die anderen Zutaten untermischen. In eine gefettete und ausgekleidete 18 cm/7 Schüssel in einer mikrowellengeeigneten runden Pfanne gießen und bei schwacher Hitze 35 Minuten lang in der Mikrowelle erhitzen, bis ein in die Mitte gesteckter Spieß sauber herauskommt. 10 Minuten in der Form abkühlen lassen und dann zum Abkühlen in den Ofen stellen.

Obst- und Kokosnussquadrate in der Mikrowelle

macht 8

50 g / 2 oz / ¼ Tasse Butter oder Margarine

9 Verdauungskekse (Graham Crackers), zerkleinert

50 g / 2 oz / ½ Tasse Kokosraspeln (gerieben)

100 g / 4 oz / 2/3 Tasse gehackte gemischte Schale (kandiert)

50 g / 2 oz / 1/3 Tasse entsteinte Datteln, gehackt

15 ml / 1 EL Mehl (Allzweck)

25 g / 1 oz / 2 Esslöffel kandierte Kirschen (kandiert), gehackt

100 g / 4 oz / 1 Tasse Walnüsse, gehackt

150 ml / ¼ pt / 2/3 Tasse Kondensmilch

Butter oder Margarine in einem 20 cm/8 quadratischen Mikrowellengeschirr 40 Sekunden lang auf höchster Stufe schmelzen. Die Kekskrümel dazugeben und gleichmäßig auf dem Tellerboden verteilen. Mit der Kokosnuss und dann mit den gemischten Schalen bestreuen. Die Datteln mit dem Mehl, den Kirschen und den Walnüssen mischen, darüber streuen und mit der Milch beträufeln. Mikrowelle auf hoher Stufe für 8 Minuten. Auf dem Blech auskühlen lassen und in Quadrate schneiden.

Mikrowellen-Fudge-Kuchen

Ergibt einen 20 cm / 8 cm großen Kuchen

150 g / 5 oz / 1¼ Tassen Mehl (Allzweck)

5 ml / 1 Teelöffel Backpulver

Eine Prise Backpulver (Backpulver)

Ein bisschen Salz

300 g / 10 Unzen / 1¼ Tassen Kristallzucker (superfein)

50 g / 2 oz / ¼ Tasse Butter oder Margarine, aufgeweicht

250 ml / 8 fl oz / 1 Tasse Milch

Ein paar Tropfen Vanilleessenz (Extrakt)

1 Ei

100 g / 4 oz / 1 Tasse dunkle (halbsüße) Schokolade, gehackt

50 g / 2 oz / ½ Tasse gehackte gemischte Walnüsse

Schokoladenglasur zum Verzieren

Mehl, Backpulver, Natron und Salz mischen. Fügen Sie den Zucker hinzu und schlagen Sie die Butter oder Margarine, Milch und Vanilleessenz glatt. Fügen Sie das Ei hinzu. 3/4 der Schokolade 2 Minuten lang auf hoher Stufe in der Mikrowelle erhitzen, bis sie geschmolzen ist, dann die Kuchenmischung unterschlagen, bis sie cremig ist. Sammle die Nüsse. Die Mischung in zwei gefettete und bemehlte 20 cm / 8 mikrowellengeeignete Schalen gießen und jeweils einzeln 8 Minuten in der Mikrowelle erhitzen. Aus dem Ofen nehmen, mit Folie abdecken und 10 Minuten abkühlen lassen, dann zum Abkühlen in den Ofen stellen. Mit der Hälfte des Butterfrosting (Frosting) bestreichen, das restliche Frosting darauf verteilen und mit der zurückbehaltenen Schokolade dekorieren.

Honigbrot aus der mikrowelle

Ergibt einen 20 cm / 8 cm großen Kuchen

50 g / 2 oz / ¼ Tasse Butter oder Margarine

75 g / 3 oz / ¼ Tasse schwarze Melasse (Melasse)

15 ml / 1 EL Kristallzucker (superfein)

100 g / 4 oz / 1 Tasse Mehl (Allzweck)

5 ml / 1 TL Ingwerpulver

2,5 ml / ½ TL gemahlene Gewürze (Apfelkuchen)

2,5 ml / ½ Teelöffel Natron (Backpulver)

1 geschlagenes Ei

Geben Sie die Butter oder Margarine in eine Schüssel und stellen Sie sie 30 Sekunden lang auf höchster Stufe in die Mikrowelle. Melasse und Zucker hinzufügen und 1 Minute lang auf höchster Stufe in die Mikrowelle stellen. Mehl, Gewürze und Soda hinzugeben. Fügen Sie das Ei hinzu. Gießen Sie die Mischung in eine gefettete 1,5 Liter / 2½ Pint / 6 Cup Schüssel und erhitzen Sie sie 4 Minuten lang auf höchster Stufe. 5 Minuten in der Pfanne abkühlen lassen und zum Abkühlen auf ein Kuchengitter legen.

Lebkuchenriegel aus der Mikrowelle

macht 12

Für den Kuchen:

150 g / 5 oz / 2/3 Tasse Butter oder Margarine, aufgeweicht

50 g / 2 oz / ¼ Tasse Kristallzucker (superfein)

100 g / 4 oz / 1 Tasse Mehl (Allzweck)

2,5 ml / ½ Teelöffel Backpulver

5 ml / 1 TL Ingwerpulver

Zum Dach:

15 g / ½ oz / 1 Esslöffel Butter oder Margarine

15 ml / 1 Esslöffel goldener Sirup (heller Mais)

Ein paar Tropfen Vanilleessenz (Extrakt)

5 ml / 1 TL Ingwerpulver

50 g / 2 oz / 1/3 Tasse Puderzucker (Konditoren)

Für den Kuchen Butter oder Margarine und Zucker schaumig schlagen. Mehl, Backpulver und Ingwer dazugeben und zu einem glatten Teig verkneten. Drücken Sie auf eine 20 cm / 8 quadratische Mikrowellenplatte und erhitzen Sie sie auf mittlerer Stufe für 6 Minuten, bis sie fest ist.

Für die Glasur die Butter oder Margarine und den Sirup schmelzen. Vanilleessenz, Ingwer und Puderzucker dazugeben und schaumig schlagen. Gleichmäßig auf dem heißen Kuchen verteilen. Auf dem Blech auskühlen lassen und in Riegel oder Quadrate schneiden.

Goldener Kuchen aus der Mikrowelle

Ergibt einen 20 cm / 8 cm großen Kuchen

Für den Kuchen:
100 g / 4 oz / ½ Tasse Butter oder Margarine, weich

100 g / 4 oz / ½ Tasse Kristallzucker (superfein)

2 Eier, leicht geschlagen

Ein paar Tropfen Vanilleessenz (Extrakt)

225 g / 8 Unzen / 2 Tassen Mehl (Allzweck)

10 ml / 2 TL Backpulver

Ein bisschen Salz

60 ml / 4 Esslöffel Milch

Für die Glasur (Glasur):
50 g / 2 oz / ¼ Tasse Butter oder Margarine, aufgeweicht

100 g / 4 oz / 2/3 Tasse Puderzucker (Konditoren)

Ein paar Tropfen Vanilleessenz (Extrakt) (optional)

Für den Kuchen Butter oder Margarine und Zucker schaumig schlagen. Die Eier nach und nach schlagen, dann Mehl, Backpulver und Salz hinzufügen. So viel Milch einrühren, dass eine glatte, flüssige Konsistenz entsteht. In zwei gefettete und bemehlte 20 cm/8 Mikrowellenbleche gießen und jeden Kuchen einzeln 6 Minuten lang auf hoher Stufe backen. Aus dem Ofen nehmen, mit Folie abdecken und 5 Minuten abkühlen lassen, dann zum Abkühlen in den Ofen stellen.

Für die Glasur Butter oder Margarine glatt schlagen und nach Belieben Puderzucker und Vanilleextrakt hinzufügen. Die Kuchen mit der Hälfte der Glasur belegen und den Rest darauf verteilen.

Mikrowellen-Honig-Haselnuss-Kuchen

Ergibt einen 18 cm / 7 cm großen Kuchen

150 g / 5 oz / 2/3 Tasse Butter oder Margarine, aufgeweicht

100 g / 4 oz / ½ Tasse weicher brauner Zucker

45 ml / 3 Esslöffel klarer Honig

3 geschlagene Eier

225 g / 8 Unzen / 2 Tassen selbsttreibendes Mehl (mit Hefe)

100 g / 4 oz / 1 Tasse gemahlene Haselnüsse

45 ml / 3 Esslöffel Milch

Butterbeschichtung

Butter oder Margarine, Zucker und Honig schaumig schlagen. Die Eier nach und nach schlagen, dann das Mehl und die Haselnüsse und so viel Milch hinzufügen, dass eine glatte Konsistenz entsteht. In eine 18 cm/7 Mikrowellenform gießen und 7 Minuten auf mittlerer Stufe garen. 5 Minuten in der Pfanne abkühlen lassen und zum Abkühlen auf ein Kuchengitter legen. Den Kuchen waagerecht halbieren und dann mit der Butterglasur (Zuckerguss) bestreichen.

Müsliriegel für die Mikrowelle

Macht etwa 10

100 g / 4 oz / ½ Tasse Butter oder Margarine

175 g / 6 oz / ½ Tasse klarer Honig

50 g / 2 oz / 1/3 Tasse verzehrfertige getrocknete Aprikosen, gehackt

50 g / 2 oz / 1/3 Tasse entsteinte Datteln, gehackt

75 g / 3 oz / ¾ Tasse gehackte gemischte Walnüsse

100 g / 4 oz / 1 Tasse Haferflocken

100 g / 4 oz / ½ Tasse weicher brauner Zucker

1 geschlagenes Ei

25 g / 1 oz / 2 Esslöffel selbstaufgehendes Mehl (mit Hefe)

Butter oder Margarine und Honig in eine Schüssel geben und bei starker Hitze 2 Minuten kochen. Alle anderen Zutaten mischen. In eine 20 cm/8 cm große Auflaufform gießen und 8 Minuten lang auf hoher Stufe in der Mikrowelle erhitzen. Etwas abkühlen lassen und in Quadrate oder Runden schneiden.

Nusskuchen aus der mikrowelle

Ergibt einen 20 cm / 8 cm großen Kuchen

150 g / 5 oz / 1¼ Tassen Mehl (Allzweck)

Ein bisschen Salz

5 ml / 1 Teelöffel Zimtpulver

75 g / 3 oz / 1/3 Tasse weicher brauner Zucker

75 g / 3 Unzen / 1/3 Tasse Kristallzucker (superfein)

75 ml / 5 Esslöffel Öl

25 g / 1 oz / ¼ Tasse Walnüsse, gehackt

5 ml / 1 Teelöffel Backpulver

2,5 ml / ½ Teelöffel Natron (Backpulver)

1 Ei

150 ml / ¼ pt / 2/3 Tasse Sauermilch

Mehl, Salz und die Hälfte des Zimts mischen. Fügen Sie den Zucker hinzu und rühren Sie das Öl ein, bis alles gut vermischt ist. Nehmen Sie 90 ml / 6 Esslöffel der Mischung und mischen Sie sie mit den restlichen Walnüssen und dem Zimt. Backpulver, Backpulver, Ei und Milch zu der Masse der Mischung geben und glatt rühren. Die Hauptmischung in eine gefettete und bemehlte 20 cm / 8 Mikrowellenform geben und mit der Nussmischung bestreuen. Mikrowelle auf hoher Stufe für 8 Minuten. 10 Minuten auf dem Blech abkühlen lassen und warm servieren.

Mikrowellen-Orangensaftkuchen

Ergibt einen 20 cm / 8 cm großen Kuchen

250 g / 9 Unzen / 2¼ Tassen Mehl (Allzweck)

225 g / 8 oz / 1 Tasse Kristallzucker

15 ml / 1 Esslöffel Backpulver

2,5 ml / ½ Teelöffel Salz

60 ml / 4 Esslöffel Öl

250 ml / 8 fl oz / 2 Tassen Orangensaft

2 Eier getrennt

100 g / 4 oz / ½ Tasse Kristallzucker (superfein)

Orangenbutter-Topping

Sahnehäubchen Orangenglasur

Mehl, Kristallzucker, Hefe, Salz, Öl und die Hälfte des Orangensafts mischen und glatt rühren. Das Eigelb und den restlichen Orangensaft hinzugeben, bis eine luftig-leichte Creme entsteht. Eiweiß steif schlagen, dann die Hälfte des Kristallzuckers dazugeben und schaumig schlagen. Fügen Sie den restlichen Zucker und dann das Eiweiß zur Kuchenmischung hinzu. Auf zwei gefettete und bemehlte 20 cm / 8 Mikrowellenplatten gießen und 6-8 Minuten separat auf hoher Stufe in der Mikrowelle erhitzen. Aus dem Ofen nehmen, mit Folie abdecken und 5 Minuten abkühlen lassen, dann zum Abkühlen in den Ofen stellen. Die Kuchen mit der Orangenbutterglasur (Zuckerguss) sandwichartig belegen und die Orangenglasur darauf verteilen.

Mikrowellen-Pavlova

Ergibt einen 23 cm / 9 cm großen Kuchen

4 Eiweiß

225 g / 8 Unzen / 1 Tasse Kristallzucker (superfein)

2,5 ml / ½ Teelöffel Vanilleessenz (Extrakt)

Ein paar Tropfen Weinessig

150 ml / ¼ pt / 2/3 Tasse frische Sahne

1 geschnittene Kiwi

100 g Erdbeeren, in Scheiben geschnitten

Schlagen Sie das Eiweiß, bis es weiche Spitzen bildet. Mit der Hälfte des Zuckers bestreuen und gut schlagen. Restlichen Zucker, Vanilleessenz und Essig nach und nach dazugeben und schlagen, bis sich alles aufgelöst hat. Gießen Sie die Mischung in einen Kreis von 23 cm/9 auf ein Stück Backpapier. Mikrowelle auf hoher Stufe für 2 Minuten. 10 Minuten bei geöffneter Tür in der Mikrowelle ruhen lassen. Aus dem Ofen nehmen, Schutzpapier abreißen und abkühlen lassen. Schlagsahne steif schlagen und über dem Baiser verteilen. Das Obst schön darauf anrichten.

Mikrowellenkuchen

Ergibt einen 20 cm / 8 cm großen Kuchen

225 g / 8 Unzen / 2 Tassen Mehl (Allzweck)

15 ml / 1 Esslöffel Backpulver

50 g / 2 oz / ¼ Tasse Kristallzucker (superfein)

100 g / 4 oz / ½ Tasse Butter oder Margarine

75 ml / 5 EL Schlagsahne (leicht)

1 Ei

Mehl, Hefe und Zucker mischen, dann in Butter oder Margarine dippen, bis die Mischung Paniermehl ähnelt. Sahne und Ei verrühren und dann das Mehl hinzugeben, bis ein weicher Teig entsteht. In eine gefettete 20 cm/8 Mikrowellenform drücken und 6 Minuten lang auf höchster Stufe erhitzen. 4 Minuten ruhen lassen, aus der Form lösen und auf einem Kuchengitter abkühlen lassen.

Mikrowellen-Erdbeerkuchen

Ergibt einen 20 cm / 8 cm großen Kuchen

900 g Erdbeeren, in dicke Scheiben geschnitten

225 g / 8 Unzen / 1 Tasse Kristallzucker (superfein)

225 g / 8 Unzen / 2 Tassen Mehl (Allzweck)

15 ml / 1 Esslöffel Backpulver

175 g / 6 oz / ¾ Tasse Butter oder Margarine

75 ml / 5 EL Schlagsahne (leicht)

1 Ei

150 ml / ¼ pt / 2/3 Tasse Schlagsahne (schwer), Schlagsahne

Die Erdbeeren mit 175 g Zucker mischen und mindestens 1 Stunde kalt stellen.

Mehl, Hefe und restlichen Zucker mischen und mit 100 g Butter oder Margarine verreiben, bis die Masse Paniermehl ähnelt. Sahne und Ei verrühren und dann das Mehl hinzugeben, bis ein weicher Teig entsteht. In eine gefettete 20 cm/8 Mikrowellenform drücken und 6 Minuten lang auf höchster Stufe erhitzen. 4 Minuten stehen lassen, aus der Form lösen und noch heiß halbieren. Abkühlen lassen.

Beide Schnittflächen mit der restlichen Butter oder Margarine bestreichen. Ein Drittel der Schlagsahne auf dem Boden verteilen und mit drei Vierteln der Erdbeeren bedecken. Mit einem weiteren Drittel der Sahne bedecken und den zweiten Shortcake darauf legen. Mit restlicher Sahne und Erdbeeren abschließen.

Rührkuchen in der mikrowelle

Ergibt einen 18 cm / 7 cm großen Kuchen

150 g / 5 oz / 1¼ Tassen selbsttreibendes Mehl (mit Hefe)

100 g / 4 oz / ½ Tasse Butter oder Margarine

100 g / 4 oz / ½ Tasse Kristallzucker (superfein)

2 Eier

30 ml / 2 Esslöffel Milch

Alle Zutaten glatt rühren. Gießen Sie es in eine 18 cm/7 cm große Schüssel auf einem mikrowellengeeigneten Teller und stellen Sie es 6 Minuten lang auf mittlerer Stufe in die Mikrowelle. 5 Minuten in der Pfanne abkühlen lassen und zum Abkühlen auf ein Kuchengitter legen.

Mikrowellen-Sultana-Riegel

macht 12

175 g / 6 oz / ¾ Tasse Butter oder Margarine

100 g / 4 oz / ½ Tasse Kristallzucker (superfein)

15 ml / 1 Esslöffel goldener Sirup (heller Mais)

75 g / 3 oz / ½ Tasse Sultaninen (goldene Rosinen)

5 ml / 1 Teelöffel abgeriebene Zitronenschale

225 g / 8 Unzen / 2 Tassen selbsttreibendes Mehl (mit Hefe)

Für die Glasur (Glasur):
175 g / 6 oz / 1 Tasse Puderzucker (Konditoren)

30 ml / 2 Esslöffel Zitronensaft

Butter oder Margarine, Puderzucker und Sirup 2 Minuten lang auf mittlerer Stufe erhitzen. Sultaninen und Zitronenschale hinzufügen. Fügen Sie das Mehl hinzu. In eine gefettete und ausgekleidete 20 cm/8 Schüssel in einer mikrowellenfesten quadratischen Pfanne gießen und bei mittlerer Hitze 8 Minuten in der Mikrowelle erhitzen, bis sie durchgegart sind. Etwas abkühlen lassen.

Puderzucker in eine Schüssel geben und in die Mitte eine Mulde drücken. Den Zitronensaft nach und nach unterrühren, bis eine glatte Masse entsteht. Auf dem noch warmen Kuchen verteilen und vollständig auskühlen lassen.

Mikrowellen-Schokoladenkekse

macht 24

225 g / 8 oz / 1 Tasse Butter oder Margarine, aufgeweicht

100 g / 4 oz / ½ Tasse dunkelbrauner Zucker

5 ml / 1 Teelöffel Vanilleessenz (Extrakt)

225 g / 8 Unzen / 2 Tassen selbsttreibendes Mehl (mit Hefe)

50 g / 2 oz / ½ Tasse Schokoladenmilchpulver

Butter, Zucker und Vanilleessenz schaumig schlagen. Mehl und Schokolade nach und nach mischen und schlagen, bis ein glatter Teig entsteht. Walnussgroße Kugeln formen, jeweils sechs auf ein gefettetes mikrowellengeeignetes Backblech (Kekse) legen und mit einer Gabel leicht flach drücken. Stellen Sie jede Charge 2 Minuten lang auf hoher Stufe in die Mikrowelle, bis alle Kekse durchgegart sind. Auf einem Kuchengitter abkühlen lassen.

Kokosplätzchen aus der Mikrowelle

macht 24

50 g / 2 oz / ¼ Tasse Butter oder Margarine, aufgeweicht

75 g / 3 Unzen / 1/3 Tasse Kristallzucker (superfein)

1 Ei, leicht geschlagen

2,5 ml / ½ Teelöffel Vanilleessenz (Extrakt)

75 g / 3 Unzen / ¾ Tasse Mehl (Allzweck)

25 g / 1 oz / ¼ Tasse Kokosraspeln (gerieben)

Ein bisschen Salz

30 ml / 2 Esslöffel Erdbeermarmelade (aus der Dose)

Butter oder Margarine und Zucker schaumig schlagen. Ei und Vanilleessenz abwechselnd mit Mehl, Kokosnuss und Salz dazugeben und zu einem glatten Teig verrühren. Walnussgroße Kugeln formen und jeweils sechs auf ein gefettetes mikrowellengeeignetes Backblech (Kekse) legen und mit einer Gabel leicht andrücken, um sie etwas flach zu drücken. 3 Minuten auf hoher Stufe in der Mikrowelle erhitzen, bis sie fest ist. Auf ein Kuchengitter legen und einen Löffel Marmelade in die Mitte jedes Kekses geben. Mit den restlichen Keksen wiederholen.

Mikrowelle Florentiner

macht 12

50 g / 2 oz / ¼ Tasse Butter oder Margarine

50 g / 2 oz / ¼ Tasse Demerara-Zucker

15 ml / 1 Esslöffel goldener Sirup (heller Mais)

50 g / 2 oz / ¼ Tasse glasierte Kirschen (kandiert)

75 g / 3 oz / ¾ Tasse Walnüsse, gehackt

25 g / 1 oz / 3 Esslöffel Sultaninen (goldene Rosinen)

25 g / 1 oz / ¼ Tasse gehobelte Mandeln (geschreddert)

30 ml / 2 Esslöffel gehackte gemischte Schale (kandiert)

25 g / 1 Unze / ¼ Tasse Mehl (Allzweck)

100 g / 4 oz / 1 Tasse dunkle (halbsüße) Schokolade, zerbröckelt (optional)

Butter oder Margarine, Zucker und Sirup 1 Minute in der Mikrowelle erhitzen, bis sie geschmolzen sind. Kirschen, Walnüsse, Sultaninen und Mandeln hinzugeben und die Schale und das Mehl hinzugeben. Geben Sie Teelöffel der Mischung in ausreichendem Abstand auf Pergamentpapier (gewachst) und kochen Sie vier auf einmal auf der höchsten Stufe für 1½ Minuten pro Portion. Die Ränder mit einem Messer flach drücken, 3 Minuten auf Papier abkühlen lassen und zum Abkühlen auf ein Kuchengitter legen. Mit den restlichen Keksen wiederholen. Nach Belieben die Schokolade in einer Schüssel 30 Sekunden schmelzen und auf einer Seite der Florentiner verteilen, dann aushärten lassen.

Mikrowellen-Haselnuss- und Kirschkekse

macht 24

100 g / 4 oz / ½ Tasse Butter oder Margarine, weich

100 g / 4 oz / ½ Tasse Kristallzucker (superfein)

1 geschlagenes Ei

175 g / 6 Unzen / 1½ Tassen Mehl (Allzweck)

50 g / 2 oz / ½ Tasse gemahlene Haselnüsse

100 g / 4 oz / ½ Tasse kandierte Kirschen (kandiert)

Butter oder Margarine und Zucker schaumig schlagen. Ei nach und nach dazugeben, dann Mehl, Haselnüsse und Kirschen hinzugeben. Löffeln Sie gut verteilte Löffel Mikrowelle (Kekse) und Mikrowelle acht Kekse (Kekse) auf einmal auf hoher Stufe für etwa 2 Minuten, bis sie fest sind.

Sultana-Mikrowellenkekse

macht 24

225 g / 8 Unzen / 2 Tassen Mehl (Allzweck)

5 ml / 1 TL gemahlene Gewürze (Apfelkuchen)

175 g / 6 oz / ¾ Tasse Butter oder Margarine, aufgeweicht

100 g / 4 oz / 2/3 Tasse Sultaninen (goldene Rosinen)

175 g / 6 oz / ¾ Tasse Demerara-Zucker

Mehl und gemischte Gewürze untermischen und Butter oder Margarine, Sultaninen und 100 g Zucker zu einem weichen Teig verarbeiten. In zwei etwa 18 cm lange Wurstformen rollen und im restlichen Zucker wälzen. In Scheiben schneiden und jeweils sechs auf ein gefettetes Backblech legen und 2 Minuten lang auf hoher Stufe in der Mikrowelle erhitzen. Auf einem Kuchengitter abkühlen lassen und mit den restlichen Keksen (Keksen) wiederholen.

Bananenbrot aus der mikrowelle

Ergibt ein Brot von 450 g/1 lb

75 g / 3 oz / 1/3 Tasse Butter oder Margarine, aufgeweicht

175 g / 6 oz / ¾ Tasse Kristallzucker (superfein)

2 Eier, leicht geschlagen

200 g / 7 Unzen / 1¾ Tassen Mehl (Allzweck)

10 ml / 2 TL Backpulver

2,5 ml / ½ Teelöffel Natron (Backpulver)

Ein bisschen Salz

2 reife Bananen

15 ml / 1 Esslöffel Zitronensaft

60 ml / 4 Esslöffel Milch

50 g / 2 oz / ½ Tasse Walnüsse, gehackt

Butter oder Margarine und Zucker schaumig schlagen. Die Eier nach und nach aufschlagen, dann Mehl, Backpulver, Natron und Salz hinzufügen. Die Bananen mit dem Zitronensaft pürieren und mit der Milch und den Nüssen unter die Mischung heben. In eine gefettete und bemehlte 450-g-Laibpfanne geben und 12 Minuten lang auf hoher Stufe in der Mikrowelle erhitzen. Aus dem Ofen nehmen, mit Folie abdecken und 10 Minuten abkühlen lassen, dann zum Abkühlen in den Ofen stellen.

Käsebrot aus der mikrowelle

Ergibt ein Brot von 450 g/1 lb

50 g / 2 oz / ¼ Tasse Butter oder Margarine

250 ml / 8 fl oz / 1 Tasse Milch

2 Eier, leicht geschlagen

225 g / 8 Unzen / 2 Tassen Mehl (Allzweck)

10 ml / 2 TL Backpulver

10 ml / 2 TL Senfpulver

2,5 ml / ½ Teelöffel Salz

175 g / 6 oz / 1½ Tasse Cheddar-Käse, gerieben

Butter oder Margarine in einer kleinen Schüssel auf hoher Stufe 1 Minute schmelzen. Milch und Eier hinzufügen. Mehl, Backpulver, Senf, Salz und 100 g Käse mischen. Milchmischung glatt rühren. In eine englische Kuchenform (Pfanne) geben und 9 Minuten lang auf hoher Stufe in die Mikrowelle stellen. Mit dem restlichen Käse bestreuen, mit Folie abdecken und 20 Minuten ruhen lassen.

Nussbrot aus der mikrowelle

Ergibt ein Brot von 450 g/1 lb

225 g / 8 Unzen / 2 Tassen Mehl (Allzweck)

300 g / 10 Unzen / 1¼ Tassen Kristallzucker (superfein)

5 ml / 1 Teelöffel Backpulver

Ein bisschen Salz

100 g / 4 oz / ½ Tasse Butter oder Margarine, weich

150 ml / ¼ pt / 2/3 Tasse Milch

2,5 ml / ½ Teelöffel Vanilleessenz (Extrakt)

4 Eiweiß

50 g / 2 oz / ½ Tasse Walnüsse, gehackt

Mehl, Zucker, Hefe und Salz mischen. Fügen Sie die Butter oder Margarine hinzu, dann die Milch und das Vanillearoma. Das Schneewittchen hinzufügen und die Walnüsse hinzufügen. In eine gefettete und bemehlte 450-g-Laibpfanne geben und 12 Minuten lang auf hoher Stufe in der Mikrowelle erhitzen. Aus dem Ofen nehmen, mit Folie abdecken und 10 Minuten abkühlen lassen, dann zum Abkühlen in den Ofen stellen.

Ungebackener Amaretti-Kuchen

Ergibt einen 20 cm / 8 cm großen Kuchen

100 g / 4 oz / ½ Tasse Butter oder Margarine

175 g / 6 Unzen / 1½ Tassen dunkle (halbsüße) Schokolade

Amaretti Biscuits 75 g / 3 oz (Kekse), grob gemahlen

175 g / 6 oz / 1½ Tassen Walnüsse, gehackt

50 g / 2 oz / ½ Tasse Pinienkerne

75 g / 3 oz / 1/3 Tasse kandierte Kirschen (kandiert), gehackt

30 ml / 2 Esslöffel Grand Marnier

225 g / 8 oz / 1 Tasse Mascarpone-Käse

Butter oder Margarine und Schokolade in einer hitzebeständigen Schüssel über einem Topf mit siedendem Wasser schmelzen. Vom Herd nehmen und Kekse, Walnüsse und Kirschen hinzufügen. In eine mit Klarsichtfolie (Klemmfolie) ausgelegte Sandwichform (Schale) gießen und leicht andrücken. 1 Stunde kühl stellen, bis sie fest ist. In eine Servierschüssel geben und Plastikfolie entfernen. Schlagen Sie den Grand Marnier durch die Mascarpone und legen Sie ihn auf den Boden.

Amerikanische knusprige Reisriegel

Ausbeute ca. 24 bar

50 g / 2 oz / ¼ Tasse Butter oder Margarine

225 g weiße Marshmallows

5 ml / 1 Teelöffel Vanilleessenz (Extrakt)

150 g / 5 oz / 5 Tassen Puffreis-Cerealien

Butter oder Margarine in einem großen Topf bei schwacher Hitze schmelzen. Fügen Sie die Marshmallows hinzu und kochen Sie unter ständigem Rühren, bis die Marshmallows geschmolzen sind und die Mischung sirupartig ist. Vom Herd nehmen und die Vanilleessenz hinzufügen. Rühren Sie das Reismüsli ein, bis es gleichmäßig bedeckt ist. In eine 23 cm / 9 quadratische Form (Pfanne) drücken und in Streifen schneiden. Lass es definieren.

Aprikosenquadrate

macht 12

50 g / 2 oz / ¼ Tasse Butter oder Margarine

175 g / 6 oz / 1 kleine Dose Kondensmilch

15 ml / 1 Esslöffel klarer Honig

45 ml / 3 EL Apfelsaft

50 g / 2 oz / ¼ Tasse weicher brauner Zucker

50 g / 2 oz / 1/3 Tasse Sultaninen (goldene Rosinen)

225 g / 8 oz / 11/3 Tassen verzehrfertige getrocknete Aprikosen, gehackt

100 g / 4 oz / 1 Tasse Kokosraspeln (gerieben)

225 g / 8 Unzen / 2 Tassen Haferflocken

Butter oder Margarine mit Milch, Honig, Apfelsaft und Zucker schmelzen. Fügen Sie die restlichen Zutaten hinzu. Drücken Sie ein Backblech (Backblech) in eine gefettete 25 cm / 12-Form und kühlen Sie es ab, bevor Sie es in Quadrate schneiden.

Aprikosen-Swiss-Roll-Kuchen

Ergibt einen 23 cm / 9 cm großen Kuchen

400 g / 14 oz / 1 große Dose Aprikosenhälften, abgetropft und Saft aufgefangen

50 g / 2 oz / ½ Tasse Sahnepulver

75 g / 3 oz / ¼ Tasse Aprikosenmarmelade (Dose klar)

75 g / 3 oz / ½ Tasse verzehrfertige getrocknete Aprikosen, gehackt

400 g / 14 oz / 1 große Dose Kondensmilch

225 g / 8 oz / 1 Tasse Hüttenkäse

45 ml / 3 Esslöffel Zitronensaft

1 Schweizer Rolle, in Scheiben geschnitten

Bereiten Sie Aprikosensaft mit Wasser auf 500 ml / 17 fl oz / 2¼ Tassen zu. Das Sahnepulver mit einem Teil der Flüssigkeit zu einer Paste verrühren und den Rest zum Kochen bringen. Sahnepaste und Aprikosenmarmelade dazugeben und unter ständigem Rühren dick und glänzend einkochen. Aprikosen aus der Dose pürieren und mit den getrockneten Aprikosen zu der Mischung geben. Abkühlen lassen, gelegentlich umrühren.

Kondensmilch, Hüttenkäse und Zitronensaft gut verrühren und zur Gelatine geben. Legen Sie eine 23 cm / 9-Zoll-Kuchenform (Backblech) mit Frischhaltefolie (Klippfolie) aus und legen Sie die Stücke Schweizer Rolle (Gelee) auf den Boden und die Seiten der Form. Fügen Sie die Kuchenmischung hinzu und kühlen Sie sie ab, bis sie fertig ist. Zum Servieren vorsichtig aus der Form nehmen.

Kuchen mit zerbrochenem Keks

macht 12

100 g / 4 oz / ½ Tasse Butter oder Margarine

30 ml / 2 Esslöffel Kristallzucker (superfine)

15 ml / 1 Esslöffel goldener Sirup (heller Mais)

30 ml / 2 EL Kakaopulver (ungesüßte Schokolade)

225 g / 8 oz / 2 Tassen Keksbrösel (Keks)

50 g / 2 oz / 1/3 Tasse Sultaninen (goldene Rosinen)

Butter oder Margarine mit Zucker und Sirup schmelzen, ohne sie aufkochen zu lassen. Kakao, Kekse und Rosinen zugeben. In eine gefettete 25 cm / 10 cm gefettete Form geben, abkühlen lassen und im Kühlschrank fest werden lassen. In Quadrate schneiden.

Ungebackener Buttermilchkuchen

Ergibt einen 23 cm / 9 cm großen Kuchen

30 ml / 2 Esslöffel Sahnepulver

100 g / 4 oz / ½ Tasse Kristallzucker (superfein)

450 ml / ¾ pt / 2 Tassen Milch

175 ml / 6 fl oz / ¾ Tasse Buttermilch

25 g / 1 oz / 2 Esslöffel Butter oder Margarine

400 g / 12 oz Naturkekse (Kekse), zerkleinert

120 ml / 4 fl oz / ½ Tasse frische Sahne

Sahnepulver und Zucker mit etwas Milch zu einer Paste schlagen. Die restliche Milch zum Kochen bringen. Die Nudeln einrühren, die gesamte Mischung wieder in die Pfanne geben und bei schwacher Hitze etwa 5 Minuten kochen, bis sie eingedickt sind. Buttermilch und Butter oder Margarine dazugeben. Verteilen Sie die Mischung aus zerkleinertem Keks und Sahne in einer 9-Zoll-Kuchenform (Backblech), die mit Plastikfolie (Klippfolie) ausgelegt ist, oder auf einer Glasplatte. Leicht andrücken und im Kühlschrank fest werden lassen. Die Schlagsahne steif schlagen und die Sahnerosetten auf die Torte legen. Vom Teller servieren oder zum Servieren vorsichtig anheben.

Kastanienscheibe

Ergibt ein 900-g-Laib

225 g / 8 Unzen / 2 Tassen Zartbitterschokolade (halbsüß)

100 g / 4 oz / ½ Tasse Butter oder Margarine, weich

100 g / 4 oz / ½ Tasse Kristallzucker (superfein)

450 g / 1 lb / 1 große Dose ungesüßtes Kastanienpüree

25 g / 1 oz / ¼ Tasse Reismehl

Ein paar Tropfen Vanilleessenz (Extrakt)

150 ml / ¼ pt / 2/3 Tasse Schlagsahne, Schlagsahne

geriebene Schokolade zum Verzieren

Die dunkle Schokolade in einer hitzebeständigen Schüssel über einem Topf mit siedendem Wasser schmelzen. Butter oder Margarine und Zucker schaumig schlagen. Kastanienpüree, Schokolade, Reismehl und Vanilleessenz hinzugeben. In eine gefettete und ausgekleidete 900-g-Laibpfanne (Backblech) geben und im Kühlschrank fest werden lassen. Vor dem Servieren mit Schlagsahne und geriebener Schokolade garnieren.

Kastanienkeks

Ergibt einen 900-g-Kuchen

Für den Kuchen:
400 g / 14 oz / 1 große Dose gezuckertes Kastanienpüree

100 g / 4 oz / ½ Tasse Butter oder Margarine, weich

1 Ei

Ein paar Tropfen Vanilleessenz (Extrakt)

30 ml / 2 Esslöffel Weinbrand

24 Kekse (Kekse)

Für die Glasur:

30 ml / 2 EL Kakaopulver (ungesüßte Schokolade)

15 ml / 1 EL Kristallzucker (superfein)

30 ml / 2 Esslöffel Wasser

Für die Buttercreme:
100 g / 4 oz / ½ Tasse Butter oder Margarine, weich

100 g / 4 oz / 2/3 Tasse Puderzucker, gesiebt

15 ml / 1 Esslöffel Kaffeeessenz (Extrakt)

Für den Kuchen Kastanienpüree, Butter oder Margarine, Ei, Vanilleextrakt und 15 ml/1 EL Cognac schaumig schlagen. Fetten Sie eine 900-g-Kastenform (Backform) ein, legen Sie sie aus und legen Sie den Boden und die Seiten mit Schwammfingern aus. Den restlichen Brandy über die Kekse streuen und die Kastanienmischung in die Mitte geben. Kühl stellen, bis es fest ist.

Aus der Form nehmen und das Backpapier entfernen. Die Zutaten für das Topping in einer hitzebeständigen Schüssel über einem Topf mit siedendem Wasser auflösen und glatt rühren. Etwas abkühlen lassen und den größten Teil der Glasur auf dem Kuchen verteilen. Die Zutaten für die Buttercreme glatt rühren, dann um den Rand des Kuchens wirbeln. Zum Schluss mit reserviertem Nagellack beträufeln.

Schoko- und Mandelriegel

macht 12

175 g / 6 Unzen / 1½ Tassen dunkle (halbsüße) Schokolade, gehackt

3 Eier, getrennt

120 ml / 4 fl oz / ½ Tasse Milch

10 ml / 2 TL Gelatinepulver

120 ml / 4 fl oz / ½ Tasse Doppelrahm (schwer)

45 ml / 3 Esslöffel Kristallzucker (superfine)

60 ml / 4 EL Mandelblättchen (gehackt), geröstet

Die Schokolade in einer hitzebeständigen Schüssel über einem Topf mit siedendem Wasser schmelzen. Vom Herd nehmen und das Eigelb hinzufügen. Die Milch in einem separaten Topf aufkochen und die Gelatine hinzufügen. Fügen Sie die Schokoladenmischung hinzu und fügen Sie die Sahne hinzu. Das Eiweiß steif schlagen, dann den Zucker hinzugeben und nochmals steif und glänzend schlagen. Die Mischung unterheben. In eine gefettete und ausgekleidete 450-g-Kastenform (Backblech) füllen, mit den gerösteten Mandeln bestreuen und abkühlen lassen, dann mindestens 3 Stunden im Kühlschrank fest werden lassen. Zum Servieren wenden und in dicke Scheiben schneiden.

Knuspriger Schokoladenkuchen

Ergibt ein Brot von 450 g/1 lb

150 g / 5 oz / 2/3 Tasse Butter oder Margarine
30 ml / 2 EL goldener Sirup (heller Mais)

175 g / 6 oz / 1½ Tassen Digestive Cracker Crumbs (Graham Cracker)

50 g / 2 Unzen / 2 Tassen Puffreis-Cerealien

25 g / 1 oz / 3 Esslöffel Sultaninen (goldene Rosinen)

25 g / 1 oz / 2 Esslöffel kandierte Kirschen (kandiert), gehackt

225 g / 8 oz / 2 Tassen Schokoladenstückchen

30 ml / 2 Esslöffel Wasser

175 g / 6 oz / 1 Tasse Puderzucker, gesiebt

100 g Butter oder Margarine mit dem Sirup schmelzen, vom Herd nehmen und die Kekskrümel, Müsli, Rosinen, Kirschen und drei Viertel der Schokoladenstückchen hinzufügen. In eine gefettete und mit Backpapier ausgelegte 450-g-Kastenform (Backform) füllen und die Oberfläche glatt streichen. Kühl stellen, bis es fest ist. Restliche Butter oder Margarine mit restlicher Schokolade und Wasser schmelzen. Den Puderzucker hinzufügen und glatt rühren. Den Kuchen aus der Form lösen und der Länge nach halbieren. Sandwich mit der Hälfte des Schokoladen-Frostings (Frosting), auf eine Servierplatte legen und den Rest des Frostings darüber gießen. Vor dem Servieren abkühlen.

Schoko-Krümel-Quadrate

Macht etwa 24

225g Verdauungskekse (Graham Biscuits)

100 g / 4 oz / ½ Tasse Butter oder Margarine

25 g / 1 oz / 2 Esslöffel Kristallzucker (superfein)

15 ml / 1 Esslöffel goldener Sirup (heller Mais)

45 ml / 3 EL Kakaopulver (ungesüßte Schokolade)

200 g / 7 oz / 1¾ Tassen Schokoladenkuchenglasur

Die Kekse in eine Plastiktüte geben und mit einem Nudelholz kneten. Butter oder Margarine in einer Pfanne schmelzen und Zucker und Sirup hinzugeben. Vom Herd nehmen und die Keksbrösel und den Kakao hinzugeben. In eine gefettete und mit Backpapier ausgelegte Kuchenform 18 cm/7 geben und gleichmäßig andrücken. Abkühlen lassen und im Kühlschrank fest werden lassen.

Die Schokolade in einer hitzebeständigen Schüssel über einem Topf mit siedendem Wasser schmelzen. Auf dem Keks verteilen und beim Abbinden mit einer Gabel Linien ziehen. Wenn sie fest sind, in Quadrate schneiden.

Schoko-Eis-Torte

Ergibt einen Kuchen mit 450 g/1 lb

100 g / 4 oz / ½ Tasse weicher brauner Zucker

100 g / 4 oz / ½ Tasse Butter oder Margarine

50 g / 2 oz / ½ Tasse Schokoladenmilchpulver

25 g / 1 oz / ¼ Tasse Kakaopulver (ungesüßte Schokolade)

30 ml / 2 EL goldener Sirup (heller Mais)

150 g (5 oz) Digestive Kekse (Graham Kekse) oder Teereiche Kekse

50 g / 2 oz / ¼ Tasse Kirschglasur (kandiert) oder Walnuss-Rosinen-Mischung

100 g / 4 oz / 1 Tasse Vollmilchschokolade

Zucker, Butter oder Margarine in eine Pfanne geben, Schokolade, Kakao und Sirup austrinken und unter gutem Rühren leicht erhitzen, bis die Butter schmilzt. Vom Herd nehmen und zu Keksen zerkrümeln. Kirschen oder Walnüsse und Rosinen unterrühren und in eine 450-g-Laibpfanne (Pfanne) geben. Im Kühlschrank abkühlen lassen.

Die Schokolade in einer hitzebeständigen Schüssel über einem Topf mit siedendem Wasser schmelzen. Auf dem abgekühlten Kuchen verteilen und in Scheiben schneiden.

Schokoladen- und Obstkuchen

Ergibt einen 18 cm / 7 cm großen Kuchen

100 g / 4 oz / ½ Tasse geschmolzene Butter oder Margarine

100 g / 4 oz / ½ Tasse weicher brauner Zucker

225 g / 8 oz / 2 Tassen Digestive Cracker Crumbs (Graham Cracker)

50 g / 2 oz / 1/3 Tasse Sultaninen (goldene Rosinen)

45 ml / 3 EL Kakaopulver (ungesüßte Schokolade)

1 geschlagenes Ei

Ein paar Tropfen Vanilleessenz (Extrakt)

Butter oder Margarine und Zucker mischen, die anderen Zutaten hinzufügen und gut schlagen. In eine gefettete 18 cm/7 Sandwichform (Backblech) geben und glatt streichen. Kühl stellen, bis es fest ist.

Schokoladen- und Ingwerquadrate

macht 24

100 g / 4 oz / ½ Tasse Butter oder Margarine

100 g / 4 oz / ½ Tasse weicher brauner Zucker

30 ml / 2 EL Kakaopulver (ungesüßte Schokolade)

1 Ei, leicht geschlagen

225 g / 8 oz / 2 Tassen Lebkuchenbrösel (Keks)

15 ml / 1 Esslöffel kandierter (kristallisierter) Ingwer, fein gehackt

Butter oder Margarine schmelzen und Zucker und Kakao hinzugeben, bis alles gut vermischt ist. Ei, Keksbrösel und Ingwer unterrühren. In eine Biskuitrollenform (Geleeform) drücken und im Kühlschrank fest werden lassen. In Quadrate schneiden.

Luxuriöse Schokoladen- und Ingwerquadrate

macht 24

100 g / 4 oz / ½ Tasse Butter oder Margarine

100 g / 4 oz / ½ Tasse weicher brauner Zucker

30 ml / 2 EL Kakaopulver (ungesüßte Schokolade)

1 Ei, leicht geschlagen

225 g / 8 oz / 2 Tassen Lebkuchenbrösel (Keks)

15 ml / 1 Esslöffel kandierter (kristallisierter) Ingwer, fein gehackt

100 g / 4 oz / 1 Tasse Zartbitterschokolade (halbsüß)

Butter oder Margarine schmelzen und Zucker und Kakao hinzugeben, bis alles gut vermischt ist. Ei, Keksbrösel und Ingwer unterrühren. In eine Biskuitrollenform (Geleeform) drücken und im Kühlschrank fest werden lassen.

Die Schokolade in einer hitzebeständigen Schüssel über einem Topf mit siedendem Wasser schmelzen. Auf dem Kuchen verteilen und fest werden lassen. In Quadrate schneiden, wenn die Schokolade fast hart ist.

Honig-Schokoladen-Kekse

macht 12

225 g / 8 oz / 1 Tasse Butter oder Margarine

30 ml / 2 Esslöffel klarer Honig

90 ml / 6 Esslöffel Johannisbrot- oder Kakaopulver (ungesüßte Schokolade)

225 g / 8 oz / 2 Tassen süße Kekskrümel (Cookie)

Butter oder Margarine, Honig und Johannisbrot- oder Kakaopulver in einem Topf schmelzen, bis alles gut vermischt ist. Kekskrümel untermischen. In eine mit einem Löffel eingefettete 20 cm / 8 quadratische Form geben, abkühlen lassen und in Quadrate schneiden.

Schokoladen-Schicht-Kuchen

Ergibt einen Kuchen mit 450 g/1 lb

300 ml / ½ pt / 1¼ Tassen Sahne (schwer)

225 g / 8 oz / 2 Tassen dunkle (halbsüße) Schokolade, gebrochen

5 ml / 1 Teelöffel Vanilleessenz (Extrakt)

20 einfache Kekse (Kekse)

Die Sahne in einer Pfanne bei schwacher Hitze erhitzen, bis sie fast kocht. Vom Herd nehmen und die Schokolade hinzufügen, umrühren, abdecken und 5 Minuten ruhen lassen. Fügen Sie die Vanilleessenz hinzu und mischen Sie gut, dann kühlen Sie, bis die Mischung zu verdicken beginnt.

Eine 450-g-Kastenform (Backblech) mit Frischhaltefolie (Klemmfolie) auslegen. Eine Schicht Schokolade auf den Boden streichen und ein paar Kekse darauf legen. Verteilen Sie die Schokolade und die Kekse weiter, bis sie weg sind. Mit einer Schicht Schokolade abschließen. Mit Frischhaltefolie abdecken und mindestens 3 Stunden kühl stellen. Den Kuchen aus der Form lösen und die Frischhaltefolie entfernen.

gute Schokoriegel

macht 12

100 g / 4 oz / ½ Tasse Butter oder Margarine

30 ml / 2 EL goldener Sirup (heller Mais)

30 ml / 2 EL Kakaopulver (ungesüßte Schokolade)

Packung mit 225 g / 8 oz / 1 Einzelne oder einfache Kekse (Kekse), kaum zerdrückt

100 g / 4 oz / 1 Tasse dunkle (halbsüße) Schokolade, gehackt

Die Butter oder Margarine und den Sirup schmelzen, vom Herd nehmen und den Kakao und die zerbröselten Kekse hinzugeben. Verteilen Sie die Mischung in einer 23 cm / 9 quadratischen Form (Form) und ebnen Sie die Oberfläche. Die Schokolade in einer hitzebeständigen Schüssel über einem Topf mit siedendem Wasser schmelzen und darauf verteilen. Etwas abkühlen lassen, in Riegel oder Quadrate schneiden und im Kühlschrank fest werden lassen.

Schokoladen-Pralinen-Quadrate

macht 12

100 g / 4 oz / ½ Tasse Butter oder Margarine

30 ml / 2 Esslöffel Kristallzucker (superfine)

15 ml / 1 Esslöffel goldener Sirup (heller Mais)

15 ml / 1 Esslöffel Schokoladen-Trinkpulver

225 g Digestive Kekse (Graham Biscuits), zerkleinert

200 g / 7 Unzen / 1¾ Tassen Zartbitterschokolade (halbsüß)

100 g / 4 oz / 1 Tasse gehackte gemischte Walnüsse

Butter oder Margarine, Zucker, Sirup und Trinkschokolade in einem Topf schmelzen. Zum Kochen bringen und 40 Sekunden kochen lassen. Vom Herd nehmen und die Kekse und Walnüsse hinzufügen. In eine gefettete Kuchenform von 28 x 18 cm / 11 x 7 drücken und die Schokolade in einer hitzebeständigen Schüssel über einem Topf mit siedendem Wasser schmelzen. Auf die Kekse verteilen und abkühlen lassen, dann 2 Stunden kühl stellen, bevor sie in Quadrate geschnitten werden.

Kokos-Crunches

macht 12

100 g / 4 oz / 1 Tasse Zartbitterschokolade (halbsüß)

30 ml / 2 Esslöffel Milch

30 ml / 2 EL goldener Sirup (heller Mais)

100 g / 4 Unzen / 4 Tassen Puffreis-Cerealien

50 g / 2 oz / ½ Tasse Kokosraspeln (gerieben)

Schokolade, Milch und Sirup in einem Topf schmelzen. Vom Herd nehmen und die Cornflakes und die Kokosnuss hinzugeben. In Kuchenformen aus Papier (Muffinpapier) füllen und aushärten lassen.

Crunch-Bars

macht 12

175 g / 6 oz / ¾ Tasse Butter oder Margarine

50 g / 2 oz / ¼ Tasse weicher brauner Zucker

30 ml / 2 EL goldener Sirup (heller Mais)

45 ml / 3 EL Kakaopulver (ungesüßte Schokolade)

75 g / 3 oz / ½ Tasse Rosinen oder Sultaninen (goldene Rosinen)

350 g / 12 oz / 3 Tassen Hafer-Knuspermüsli

225 g / 8 Unzen / 2 Tassen Zartbitterschokolade (halbsüß)

Butter oder Margarine mit Zucker, Sirup und Kakao schmelzen. Fügen Sie die Rosinen oder Sultaninen und das Müsli hinzu. Drücken Sie die Mischung in eine gefettete 25 cm / 12-Pfanne auf einem Backblech (Backblech). Die Schokolade in einer hitzebeständigen Schüssel über einem Topf mit siedendem Wasser schmelzen. Auf Riegel verteilen und abkühlen lassen, dann vor dem Schneiden in Riegel im Kühlschrank aufbewahren.

Kokos- und Rosinen-Crunches

macht 12

100 g / 4 oz / 1 Tasse weiße Schokolade

30 ml / 2 Esslöffel Milch

30 ml / 2 EL goldener Sirup (heller Mais)

175 g / 6 Unzen / 6 Tassen Puffreis-Cerealien

50 g / 2 oz / 1/3 Tasse Rosinen

Schokolade, Milch und Sirup in einem Topf schmelzen. Vom Herd nehmen und die Körner und Rosinen hinzufügen. In Kuchenformen aus Papier (Muffinpapier) füllen und aushärten lassen.

Kaffeewürfel mit Milch

Es ist 20

25 g / 1 oz / 2 Esslöffel Gelatinepulver

75 ml / 5 Esslöffel kaltes Wasser

225 g / 8 Unzen / 2 Tassen normale Kekskrümel (Cookie)

50 g / 2 oz / ¼ Tasse geschmolzene Butter oder Margarine

400 g / 14 oz / 1 große Dose Kondensmilch

150 g / 5 oz / 2/3 Tasse Kristallzucker (superfein)

400 ml / 14 fl oz / 1¾ Tassen starker schwarzer Kaffee, eiskalt

Schlagsahne und kandierte Orangenscheiben (kandiert) zum Garnieren

Gelatine in einer Schüssel über Wasser streuen und schwammig werden lassen. Die Schüssel in einen Topf mit heißem Wasser stellen und auflösen lassen. Etwas abkühlen lassen. Die Kekskrümel mit der geschmolzenen Butter mischen und auf den Boden und die Seiten einer gefetteten rechteckigen Backform von 30 x 20 cm / 12 x 8 drücken.Die Kondensmilch schlagen, bis sie eindickt, und nach und nach den Zucker, gefolgt von der aufgelösten Gelatine und der Kaffee. Auf dem Boden verteilen und im Kühlschrank fest werden lassen. In Quadrate schneiden und mit Schlagsahne und kandierten Orangenscheiben (kandiert) dekorieren.

Ungebackener Obstkuchen

Ergibt einen 23 cm / 9 cm großen Kuchen

450 g / 1 lb / 22/3 Tassen gemischte Trockenfrüchte (Obstkuchenmischung)

450 g / 1 lb einfache Kekse (Kekse), zerkleinert

100 g / 4 oz / ½ Tasse geschmolzene Butter oder Margarine

100 g / 4 oz / ½ Tasse weicher brauner Zucker

400 g / 14 oz / 1 große Dose Kondensmilch

5 ml / 1 Teelöffel Vanilleessenz (Extrakt)

Mischen Sie alle Zutaten, bis sie gut vermischt sind. Mit einem Löffel (Backblech) in eine gefettete 23 cm / 9 gefettete Form geben, die mit Frischhaltefolie (Plastikfolie) ausgelegt ist, und andrücken. Kühl stellen, bis es fest ist.

Fruchtige Quadrate

Macht etwa 12

100 g / 4 oz / ½ Tasse Butter oder Margarine

100 g / 4 oz / ½ Tasse weicher brauner Zucker

400 g / 14 oz / 1 große Dose Kondensmilch

5 ml / 1 Teelöffel Vanilleessenz (Extrakt)

250 g / 9 oz / 1½ Tassen gemischte Trockenfrüchte (Obstkuchenmischung)

100 g / 4 oz / ½ Tasse kandierte Kirschen (kandiert)

50 g / 2 oz / ½ Tasse gehackte gemischte Walnüsse

400 g / 14 oz Naturkekse (Kekse), zerkleinert

Butter oder Margarine und Zucker bei schwacher Hitze schmelzen. Kondensmilch und Vanilleessenz zugeben und vom Herd nehmen. Restliche Zutaten mischen. In eine gefettete Rouladenform (Gelatineform) drücken und 24 Stunden im Kühlschrank fest werden lassen. In Quadrate schneiden.

Frucht- und Faserknistern

macht 12

100 g / 4 oz / 1 Tasse Zartbitterschokolade (halbsüß)

50 g / 2 oz / ¼ Tasse Butter oder Margarine

15 ml / 1 Esslöffel goldener Sirup (heller Mais)

100 g / 4 oz / 1 Tasse Müsli mit Früchten und Ballaststoffen

Die Schokolade in einer hitzebeständigen Schüssel über einem Topf mit siedendem Wasser schmelzen. Fügen Sie die Butter oder Margarine und den Sirup hinzu. Fügen Sie die Körner hinzu. In Kuchenformen aus Papier (Muffinpapier) füllen und abkühlen und fest werden lassen.

Nougat-Torte

Ergibt einen 900-g-Kuchen

15 g / ½ oz / 1 Esslöffel Gelatinepulver

100 ml / 3½ fl oz / 6½ Esslöffel Wasser

1 Packung kleine Schwämme

225 g / 8 oz / 1 Tasse Butter oder Margarine, aufgeweicht

50 g / 2 oz / ¼ Tasse Kristallzucker (superfein)

400 g / 14 oz / 1 große Dose Kondensmilch

5 ml / 1 Teelöffel Zitronensaft

5 ml / 1 Teelöffel Vanilleessenz (Extrakt)

5 ml / 1 TL Weinstein

100 g / 4 oz / 2/3 Tasse gemischte Trockenfrüchte (Obstkuchenmischung), gehackt

Streuen Sie die Gelatine über das Wasser in einer kleinen Schüssel und stellen Sie die Schüssel in einen Topf mit heißem Wasser, bis die Gelatine klar ist. Etwas abkühlen lassen. Legen Sie eine 900-g-Backform (Backblech) mit Aluminiumfolie aus, sodass die Folie die Oberseite der Form bedeckt, und legen Sie dann die Hälfte der Kuchenbiskuits auf den Boden. Butter oder Margarine und Zucker cremig schlagen, dann alle anderen Zutaten hinzufügen. In die Pfanne gießen und die restlichen Biskuitstücke darauf anrichten. Mit Alufolie abdecken und ein Gewicht darauf legen. Kühl stellen, bis es fest ist.

Milch- und Muskatquadrate

Es ist 20

Für die Basis:

225 g / 8 Unzen / 2 Tassen normale Kekskrümel (Cookie)

30 ml / 2 Esslöffel weicher brauner Zucker

2,5 ml / ½ Teelöffel geriebene Muskatnuss

100 g / 4 oz / ½ Tasse geschmolzene Butter oder Margarine

Für die Füllung:

1,2 Liter / 2 Punkte / 5 Tassen Milch

25 g / 1 oz / 2 Esslöffel Butter oder Margarine

2 Eier getrennt

225 g / 8 Unzen / 1 Tasse Kristallzucker (superfein)

100 g / 4 oz / 1 Tasse Maismehl (Maisstärke)

50 g / 2 oz / ½ Tasse Mehl (Allzweck)

5 ml / 1 Teelöffel Backpulver

Eine Prise geriebene Muskatnuss

Zum Bestreuen geriebene Muskatnuss

Für den Boden Kekskrümel, Zucker und Muskatnuss mit der geschmolzenen Butter oder Margarine mischen und auf den Boden einer gefetteten Kuchenform 30 x 20 cm/12 x 8 cm drücken.

Für die Füllung 1 Liter Milch in einem großen Topf zum Kochen bringen. Butter oder Margarine hinzugeben. Das Eigelb mit der restlichen Milch schaumig schlagen. Zucker, Speisestärke, Mehl, Hefe und Muskat mischen. Etwas von der kochenden Milch in die Eigelbmischung einrühren, bis sich eine Paste bildet, dann die Paste mit der kochenden Milch verrühren und bei schwacher Hitze einige Minuten lang ständig rühren, bis sie eingedickt ist. Vom Herd nehmen. Das Eiweiß steif schlagen und dann unter die Masse heben. Auf dem Boden verteilen und großzügig mit Muskatnuss bestreuen. Abkühlen lassen, in den Kühlschrank stellen und vor dem Servieren in Quadrate schneiden.

Müsli-Crunch

Ergibt etwa 16 Quadrate

400 g / 14 Unzen / 3½ Tassen Zartbitterschokolade (halbsüß)

45 ml / 3 Esslöffel goldener Sirup (heller Mais)

25 g / 1 oz / 2 Esslöffel Butter oder Margarine

Etwa 225 g / 8 oz / 2/3 Tasse Müsli

Die Hälfte der Schokolade, den Sirup und die Butter oder Margarine schmelzen. Fügen Sie nach und nach so viel Müsli hinzu, bis eine feste Mischung entsteht. In eine gefettete Biskuitrollenform (Jelly Roll Form) drücken. Den Rest der Schokolade schmelzen und glatt streichen. Vor dem Schneiden in Quadrate abkühlen lassen.

Orangenmousse-Quadrate

Es ist 20

25 g / 1 oz / 2 Esslöffel Gelatinepulver

75 ml / 5 Esslöffel kaltes Wasser

225 g / 8 Unzen / 2 Tassen normale Kekskrümel (Cookie)

50 g / 2 oz / ¼ Tasse geschmolzene Butter oder Margarine

400 g / 14 oz / 1 große Dose Kondensmilch

150 g / 5 oz / 2/3 Tasse Kristallzucker (superfein)

400 ml / 14 fl oz / 1¾ Tassen Orangensaft

Schlagsahne und Pralinen zum Dekorieren

Gelatine in einer Schüssel über Wasser streuen und schwammig werden lassen. Die Schüssel in einen Topf mit heißem Wasser stellen und auflösen lassen. Etwas abkühlen lassen. Die Kekskrümel in die geschmolzene Butter mischen und den Boden und die Seiten einer gefetteten flachen Kuchenform von 30 x 20 cm/12 x 8 andrücken. Schlagen Sie die Milch auf, bis sie eindickt, und fügen Sie nach und nach den Zucker hinzu, gefolgt von der aufgelösten Gelatine und dem Orangensaft. Auf dem Boden verteilen und im Kühlschrank fest werden lassen. In Quadrate schneiden und mit Schlagsahne und Pralinen dekorieren.

Erdnussquadrate

Vor 18 Jahren

225 g / 8 Unzen / 2 Tassen normale Kekskrümel (Cookie)

100 g / 4 oz / ½ Tasse geschmolzene Butter oder Margarine

225 g / 8 oz / 1 Tasse knusprige Erdnussbutter

25 g / 1 Unze / 2 Esslöffel kandierte Kirschen (kandiert)

25 g / 1 oz / 3 Esslöffel schwarze Johannisbeere

Mischen Sie alle Zutaten, bis sie gut vermischt sind. In einer gefetteten 25cm/12er Pfanne auf ein Backblech (Backblech) drücken und im Kühlschrank fest werden lassen, dann in Quadrate schneiden.

Pfefferminz-Karamell-Kuchen

macht 16

400 g / 14 oz / 1 große Dose Kondensmilch

600 ml / 1 Pt / 2½ Tassen Milch

30 ml / 2 Esslöffel Sahnepulver

225 g / 8 oz / 2 Tassen Digestive Cracker Crumbs (Graham Cracker)

100 g / 4 oz / 1 Tasse Pfefferminz-Schokolade, in Stücke gebrochen

Stellen Sie die geschlossene Dose Kondensmilch in einen Topf mit ausreichend Wasser, um die Dose zu bedecken. Zum Kochen bringen, abdecken und 3 Stunden kochen lassen, ggf. mit kochendem Wasser auffüllen. Abkühlen lassen, Dose öffnen und Karamell herausnehmen.

500 ml / 17 fl oz / 2¼ Tassen Milch mit dem Karamell erhitzen, zum Kochen bringen und rühren, bis es geschmolzen ist. Das Sahnepulver mit der restlichen Milch zu einer Paste verrühren, in die Pfanne rühren und unter ständigem Rühren weiterkochen, bis es eingedickt ist. Die Hälfte der Keksbrösel auf den Boden einer gefetteten 20 cm / 8 quadratischen 20 cm / 8 Backform streuen, die Hälfte der Karamellcreme darauf geben und mit der Hälfte der Schokolade bestreuen. Schichten wiederholen und abkühlen lassen. Abkühlen lassen und dann zum Servieren in Portionen schneiden.

Reiswaffeln

macht 24

175 g / 6 oz / ½ Tasse klarer Honig

225 g / 8 oz / 1 Tasse Kristallzucker

60 ml / 4 Esslöffel Wasser

350 g / 12 oz / 1 Packung Puffreis-Cerealien

100 g / 4 oz / 1 Tasse geröstete Erdnüsse

Honig, Zucker und Wasser in einem großen Topf schmelzen und 5 Minuten abkühlen lassen. Fügen Sie die Körner und Erdnüsse hinzu. Zu Kugeln rollen, in Papierkuchenformen (Muffinpapier) geben und abkühlen und fest werden lassen.

Reis und Schokoladen-Toffette

Ergibt 225 g / 8 Unzen

50 g / 2 oz / ¼ Tasse Butter oder Margarine

30 ml / 2 EL goldener Sirup (heller Mais)

30 ml / 2 EL Kakaopulver (ungesüßte Schokolade)

60 ml / 4 Esslöffel Kristallzucker (superfine)

50 g / 2 Unzen / ½ Tasse gemahlener Reis

Butter und Sirup schmelzen. Fügen Sie Kakao und Zucker hinzu, bis sie sich aufgelöst haben, und fügen Sie das Reispulver hinzu. Zum leichten Kochen bringen, Hitze reduzieren und bei schwacher Hitze 5 Minuten unter ständigem Rühren kochen. In eine gefettete und mit Backpapier ausgelegte rechteckige Form (Backform) mit einem Durchmesser von 20 cm gießen und etwas abkühlen lassen. In Quadrate schneiden und vollständig abkühlen lassen, bevor sie aus der Pfanne genommen werden.

Mandelpaste

Deckt die Oberseite und die Seiten eines 23 cm / 9 cm großen Kuchens ab

225 g / 8 oz / 2 Tassen gemahlene Mandeln

225 g / 8 Unzen / 11/3 Tassen Puderzucker (Konditoren), gesiebt

225 g / 8 Unzen / 1 Tasse Kristallzucker (superfein)

2 Eier, leicht geschlagen

10 ml / 2 Teelöffel Zitronensaft

Ein paar Tropfen Mandelessenz (Extrakt)

Mandeln und Zucker unterschlagen. Mischen Sie nach und nach die restlichen Zutaten, bis Sie eine glatte Paste erhalten. In Plastikfolie (Plastikfolie) einwickeln und vor Gebrauch im Kühlschrank aufbewahren.

Zuckerfreie Mandelpaste

Deckt die Oberseite und die Seiten eines 15 cm / 6 cm großen Kuchens ab

100 g / 4 oz / 1 Tasse gemahlene Mandeln

50 g / 2 oz / ½ Tasse Fruktose

25 g / 1 oz / ¼ Tasse Maismehl (Maisstärke)

1 Ei, leicht geschlagen

Mischen Sie alle Zutaten, bis Sie eine glatte Paste erhalten. In Plastikfolie (Plastikfolie) einwickeln und vor Gebrauch im Kühlschrank aufbewahren.

Königliche Glasur

Deckt die Oberseite und die Seiten eines 20 cm/8 cm Kuchens ab

5 ml / 1 Teelöffel Zitronensaft

2 Eiweiß

450 g / 1 lb / 22/3 Tassen Puderzucker, gesiebt

5 ml / 1 Teelöffel Glycerin (optional)

Zitronensaft und Eiweiß verquirlen, dann nach und nach den Puderzucker unterschlagen, bis die Glasur glatt und weiß ist und die Rückseite eines Löffels bedeckt. Ein paar Tropfen Glycerin verhindern, dass die Beschichtung zu krümelig wird. Mit einem feuchten Tuch abdecken und 20 Minuten ruhen lassen, damit Luftblasen an die Oberfläche steigen können.

Eine Kruste dieser Konsistenz kann über den Kuchen gegossen und mit einem in heißes Wasser getauchten Messer glatt gestrichen werden. Rühren Sie für Pfeifen zusätzlichen Puderzucker ein, damit die Glasur fest genug ist, um Spitzen zu bilden.

Zuckerfreier Zuckerguss

Ausreichend für einen 15 cm / 6 cm Kuchen

50 g / 2 oz / ½ Tasse Fruktose

Ein bisschen Salz

1 Eiweiß

2,5 ml / ½ Teelöffel Zitronensaft

Das Fruchtzuckerpulver in einer Küchenmaschine pürieren, bis es so fein wie Puderzucker ist. Mischen Sie das Salz. In eine hitzebeständige Schüssel geben und das Eiweiß und den Zitronensaft hinzufügen. Stellen Sie die Schüssel über einen Topf mit leicht siedendem Wasser und schlagen Sie weiter, bis sich steife Spitzen bilden. Vom Herd nehmen und schlagen, bis es abgekühlt ist.

Fondantglasur

Genug, um einen 20cm/8cm Kuchen zu bedecken

450 g Streuzucker (superfein) oder gerösteter Zucker

150 ml / ¼ pt / 2/3 Tasse Wasser

15 ml / 1 Esslöffel flüssige Glukose oder 2,5 ml / ½ Teelöffel Weinstein

Den Zucker im Wasser in einem großen, schweren Topf bei schwacher Hitze auflösen. Reinigen Sie die Seiten der Pfanne mit einer in kaltes Wasser getauchten Bürste, um Kristallbildung zu vermeiden. Den Weinstein in wenig Wasser auflösen und in der Pfanne umrühren. Zum Kochen bringen und kontinuierlich auf 115°C / 242°F kochen, wenn ein Tropfen Glasur eine weiche Kugel bildet, wenn er in kaltes Wasser getropft wird. Gießen Sie den Sirup langsam in eine hitzebeständige Schüssel und lassen Sie ihn stehen, bis er eine Schale bildet. Die Glasur mit einem Holzlöffel schlagen, bis sie undurchsichtig und fest ist. Glatt kneten. In einer hitzebeständigen Schüssel über einem Topf mit heißem Wasser erhitzen, um es gegebenenfalls vor dem Gebrauch weich zu machen.

Butterbeschichtung

Es kann einen 20 cm / 8 cm großen Kuchen füllen und bedecken

100 g / 4 oz / ½ Tasse Butter oder Margarine, weich

225 g / 8 Unzen / 11/3 Tassen Puderzucker (Konditoren), gesiebt

30 ml / 2 Esslöffel Milch

Butter oder Margarine schaumig schlagen. Puderzucker und Milch nach und nach einrühren, bis alles gut vermischt ist.

Schokoladenüberzug für Gebäck

Es kann einen 20 cm / 8 cm großen Kuchen füllen und bedecken

30 ml / 2 EL Kakaopulver (ungesüßte Schokolade)

15 ml / 1 Esslöffel kochendes Wasser

100 g / 4 oz / ½ Tasse Butter oder Margarine, weich

225 g / 8 Unzen / 11/3 Tassen Puderzucker (Konditoren), gesiebt

15 ml / 1 Esslöffel Milch

Den Kakao mit dem kochenden Wasser zu einer Paste verrühren und abkühlen lassen. Butter oder Margarine schaumig schlagen. Puderzucker-Milch-Kakao-Mischung nach und nach unterschlagen, bis eine glatte Masse entsteht.

Topping mit weißer Schokoladenbutter

Es kann einen 20 cm / 8 cm großen Kuchen füllen und bedecken

100 g / 4 oz / 1 Tasse weiße Schokolade

100 g / 4 oz / ½ Tasse Butter oder Margarine, weich

225 g / 8 Unzen / 11/3 Tassen Puderzucker (Konditoren), gesiebt

15 ml / 1 Esslöffel Milch

Die Schokolade in einer hitzebeständigen Schüssel über einem Topf mit siedendem Wasser schmelzen und etwas abkühlen lassen. Butter oder Margarine schaumig schlagen. Puderzucker, Milch und Schokolade nach und nach hinzugeben, bis eine homogene Masse entsteht.

Kaffee-Butter-Abdeckung

Es kann einen 20 cm / 8 cm großen Kuchen füllen und bedecken

100 g / 4 oz / ½ Tasse Butter oder Margarine, weich

225 g / 8 Unzen / 11/3 Tassen Puderzucker (Konditoren), gesiebt

15 ml / 1 Esslöffel Milch

15 ml / 1 Esslöffel Kaffeeessenz (Extrakt)

Butter oder Margarine schaumig schlagen. Puderzucker, Milch und Kaffeeessenz nach und nach zugeben, bis eine homogene Masse entsteht.

www.ingramcontent.com/pod-product-compliance
Lightning Source LLC
Chambersburg PA
CBHW071236080526
44587CB00013BA/1641